Prof. Dr. Hans Siegwart

Kennzahlen für die Unternehmungsführung

2. Auflage

Verlag Paul Haupt Bern und Stuttgart

CIP-Titelaufnahme der Deutschen Bibliothek

Siegwart, Hans:
Kennzahlen für die Unternehmungsführung / Hans Siegwart. –
2. Aufl. – Bern; Stuttgart: Haupt, 1989.
(Management-Praxis)
ISBN 3-258-03848-1

Vorwort

Kennzahlen sind für die Führung einer Unternehmung unentbehrlich. Dabei ist davon auszugehen, dass das betriebswirtschaftliche Rechnungswesen, das heute allgemein als Instrument der Unternehmungsführung bezeichnet wird, im Grunde ein Transaktionssystem ist, das Daten erfasst, informationstechnologisch verarbeitet, speichert und übermittelt. Erst wenn Daten ausgewählt, verglichen und ausgewertet werden, erhält man die notwendigen führungsrelevanten Informationen. Zu diesen Informationen gehören die Kennzahlen; sie bilden die eigentliche Grundlage für die Lenkung der Unternehmung.

Die Verwendung von Kennzahlen als Führungsinformationen ist in der Praxis schon lange geläufig. Auch die Literatur setzt sich mit den Kennzahlen auseinander, wie eine kaum mehr überblickbare Fülle von Veröffentlichungen beweist.

Es ist nicht unsere Absicht, den Hunderten von bereits publizierten Kennzahlen ein weiteres Dutzend beizufügen. Vielmehr haben wir, aufbauend auf den Grundlagen und Definitionen (Kapitel I und II), aus der Menge aller denkbaren Kennzahlen jene ausgewählt und betriebswirtschaftlich analysiert, die unseres Erachtens für die oberste Leitung einer Unternehmung von Nutzen sind (Kapitel III). Mit der Darstellung des Zusammenwirkens von Planung und Kennzahlen haben wir einem weiteren, bisher in der Literatur nicht beachteten Anliegen Rechnung getragen (Kapitel IV).

Damit ist auch das Ziel der Arbeit angedeutet. Sie will in erster Linie die Führungskräfte bezüglich der Verwendung jener Kennzahlen ansprechen, die für eine erfolgreiche finanzwirtschaftliche Führung der Unternehmung entscheidende Bedeutung haben.

Sodann richtet sich die Arbeit als Lehrbuch auch an den Studenten der Betriebswirtschaft. Der Einbezug von Kennzahlen in die betriebswirtschaftliche Ausbildung und die Vermittlung von Wissen über den Aussagewert von Kennzahlen sind für die spätere Berufsausübung höchst bedeutsam.

An dieser Stelle sei meinem Assistenten, Herrn lic. oec. Bernhard Balmer, für die Bereitstellung von Grundlagen sehr gedankt. Dank schul-

3

det der Autor auch Herrn Dr. K. Schaumann, ehemals Mitglied der Geschäftsleitung der Knorr-Nährmittel AG, Thayngen, für das Fachgespräch, aus dem nützliche Anregungen namentlich für die inhaltliche Gestaltung des Kapitels III resultierten. Ein besonderer Dank gebührt schliesslich Frau Dr. V. Ganz-Keppeler für die souveräne stilistische Überprüfung und Überarbeitung des Manuskriptes.

Inhaltsverzeichnis

6

I. Grundlagen

1. Einleitung

Die betriebswirtschaftliche Managementlehre geht davon aus, dass in allen privatwirtschaftlich orientierten Unternehmungen die Kernaufgabe des Managements darin besteht, das Überleben der Unternehmung in einer sich verändernden Umwelt durch Anpassung an langfristig wirksame Entwicklungstrends zu sichern. [1]

Angesichts der wachsenden Ungewissheit der Umweltentwicklung und weil Fehlentscheidungen rasche und spürbare negative Folgen haben können, ist die Erfüllung dieser Kernaufgabe erheblich schwieriger geworden. Sie stellt grosse Anforderungen an das Wissen, die Erfahrung und das Können der Führungskräfte, vor allem bezüglich der Handhabung geeigneter Führungsmethoden. Das Management muss in der Lage sein, durch kreatives und innovatives Tun Überdurchschnittliches zu leisten, zum Beispiel Produkte zu entwickeln, die in technischer und funktionaler Hinsicht auf dem Markt überlegen sind und für die ein ausreichendes Nachfragepotential besteht. Die Ergänzung dazu bilden moderne und wirtschaftliche Fertigungsverfahren, welche eine wettbewerbsfähige Erzeugung der Produkte erlauben. Weiter gehören zu den existenzsichernden Faktoren Führungskräfte und Mitarbeiter mit einer positiven Einstellung zur Unternehmung, der Bereitwilligkeit zur Mitarbeit und der Fähigkeit, alle Aufgaben im Rahmen der Arbeitsziele verantwortungsbewusst zu erfüllen.

Von entscheidendem Einfluss ist auch, dass die Organisation rechtzeitig auf Änderungen am Markt und in der übrigen Umwelt zu reagieren vermag. Schliesslich muss die Unternehmung mit Geld und Sachmitteln so ausgestattet sein, dass sie ihre Funktion im Sinne der Zielsetzung wahrnehmen kann.

Ein unentbehrlicher Baustein für eine im erwähnten Sinne erfolgversprechende Führung ist sicher die Führung durch Zielsetzung (MbO).

1 Ulrich, H., Unternehmungspolitik, Bern und Stuttgart 1978

Dass eine Unternehmung von sich aus dazu neigt, bestimmte Ziele zu erreichen oder bestimmte Merkmale zu erhalten, ist keineswegs selbstverständlich. Eine Unternehmung ist nur insofern zielgerichtet, als es Personengruppen gibt, die konkrete Zielvorstellungen für das Unternehmen besitzen und es entsprechend gestalten und lenken. Nur wenn dieses Führungsverhalten, das allgemein mit Führung durch Zielsetzung bezeichnet wird, auf allen Hierarchiestufen vorhanden ist, besteht Aussicht auf eine erfolgreiche Unternehmungsführung.

Zur Klärung der eigenen Absichten und zur Besinnung auf das Wesentliche ist es unerlässlich, sich mit den zu erreichenden Zielen auseinanderzusetzen und sie anschliessend in der sogenannten Unternehmungspolitik festzuhalten. Ein solches Dokument hat zum Zweck, die am Willensbildungsprozess nicht beteiligten Führungskräfte über die Grundsatzentscheide der obersten Leitung zu informieren, damit deren Zielvorstellungen auf allen Führungsstufen als Rahmenbedingungen und Kontrollgrössen in Rechnung gestellt werden können.

Zur Erfüllung der Führungsaufgabe reichen solche unternehmungspolitische Grundsätze allein nicht aus. Damit sie in die Tat umgesetzt werden können und zu ihrer Ergänzung ist zusätzlich ein umfassendes integriertes Planungssystem erforderlich.

Generell beinhaltet Planung die Vorausbestimmung zukünftig zu erzielender Ergebnisse. Zwischen Ergebniserwartungen einschliesslich der Vorbedingungen – Bereitstellung der notwendigen Mittel für die Zielverwirklichung – und der Existenzsicherung bestehen reziproke Beziehungen. So kann die Existenz der Unternehmungen dadurch gefährdet werden, dass unzureichende oder unrealistische Ziele formuliert werden. Es kann aber auch sein, dass die Aufgaben nicht richtig erfüllt oder die Ziele aufgegeben werden, ohne dass nach neuen Mitteln und Wegen zu ihrer Erreichung und damit ihrer Bewahrung gesucht worden ist. «Die Bewahrung der Ziele darf allerdings nicht zur Starrheit führen ... unter veränderten ‹wirtschaftlichen› Umständen kann das starre Festhalten an dem einmal gesetzten Ziel zum Niedergang, wenn nicht zum Untergang einer Organisation führen.»[2] Trotzdem muss man sich bewusst sein, dass ein Ergebnis, das wesentlich unter den Erwartungen der obersten Leitung liegt, der Unternehmung

2 Mayntz, R., Soziologie der Organisation, Reinbek b. Hamburg 1963, S. 65

finanziellen Schaden zufügen kann, der so gross ist, dass er nur mit erheblichen zusätzlichen Anstrengungen behoben werden kann.

Für unsere Überlegungen ist aber nicht der Einzelfall von Interesse, sondern die Frage, ob zwischen den Zielen bzw. den Ergebnissen und der Existenzsicherung eine Art Gesetzmässigkeit besteht. Kann man eine solche vermuten, dann stellt sich das Problem, ob die quantitativ festgelegten Ziele bzw. die quantitativ ermittelten Ergebnisse Hinweise geben, die eine Gefährdung der Unternehmung vermuten lassen.

Tatsächlich haben Theorie und Praxis versucht, auf der Grundlage von Kennzahlen gültige Beziehungen zwischen Zielen und Sicherung der Existenz festzustellen. So wird zum Beispiel bezüglich der Liquidität gesagt, dass zwischen Barmitteln und Debitorenguthaben einerseits und kurzfristigen Verbindlichkeiten anderseits (Liquidität 2. Stufe) ein Verhältnis von 1:1 bestehen müsse, um eine Illiquidität und damit die Gefährdung der Existenz zu vermeiden.

Ähnliche Forderungen gelten für den Deckungsgrad B, d. h. das Verhältnis zwischen langfristig gebundenen Mitteln und langfristig verfügbarem Kapital. Wenn das verlangte Gleichgewicht nicht mehr besteht, wie zum Beispiel bei einer teilweisen Finanzierung langfristig gebundener Mittel mit kurzfristigen Krediten, können sich Liquiditätsprobleme ergeben. Je grösser der Anteil der kurzfristigen Kredite ist, um so gefährlicher ist diese Art Finanzierung. Der Deckungsgrad B ist damit ein Massstab für die Beurteilung der Risiko- und Fristenkongruenz der Finanzierung.

Für die Messung der Ertragskraft einer Unternehmung bedient man sich der Kapitalrentabilität (ROI). Je geringer die relative Ertragskraft einer Unternehmung ist, desto schwieriger wird die Sicherung ihrer Existenz.

Schon aus diesen wenigen, eher vagen Ausführungen ist die Bedeutung von Kennzahlen als Führungsgrössen zu erkennen. Diese Erkenntnis hat in den letzten Jahren dazu geführt, jede Zahl undifferenziert als Kennzahl zu bezeichnen. Nicht jede Zahl gibt aber einen analytischen Ansatzpunkt und einen Katalog von Leitfragen für die Beurteilung der ökonomischen Situation einer Unternehmung. Von Kennzahlen darf nur die Rede sein, wenn Zahlen

- der Beurteilung der Leistungswirksamkeit von Führungsentscheidungen und

- der Analyse der ökonomischen Situation dienen sowie

- entsprechende Folgerungen hinsichtlich Ursachen und deren Folgen für die Erhaltung der Unternehmung und für ihre Zielverwirklichung erlauben.

Abschliessend soll festgehalten werden, dass ein modernes, ausgebautes Rechnungswesen die unentbehrliche Grundlage für die Bildung von Kennzahlen ist, diese somit funktional und organisatorisch Bestandteil des Rechnungswesens sind. Kennzahlen sind weder etwas Neues noch ein Informationssystem für sich. Erforderlich sind sie, weil das Rechnungswesen systembedingt eine Fülle von Daten liefert, die nur schlecht überschaubar sind, insbesondere die oberste Leitung aber verdichtete und aussagekräftige Daten benötigt, die rasch und im konzentrierten Überblick das Wesentliche ausdrücken. Als Transaktionssystem, das Daten erfasst, informationstechnologisch verarbeitet, speichert und übermittelt, kann das Rechnungswesen als solches diese Informationen nicht bereitstellen. Alle Rechnungen wie Bilanz, Gewinn- und Verlustrechnung, Kapitalflussrechnung usw. sind bestimmte Darstellungsformen von Fakten. Erst die Kombination dieser Daten vor allem in Form von Kennzahlen, Kennzahlenreihen, Kennzahlenvergleichen, d. h. das Auswählen, Zusammenstellen und Vergleichen von bestimmten Datentypen, schafft die notwendigen führungsrelevanten Informationen.

Kennzahlen bilden somit das tatsächliche Informationssystem für die Führung der Unternehmung. Ihre entsprechende Bedeutung erlangen die Kennzahlen dann, wenn sie in den Vordergrund unternehmerischen Denkens rücken.

2. Begriff der Kennzahlen

«Kennzahlen sind betrieblich relevante, numerische Informationen.»[3] Mit dieser einfachen Charakterisierung ermöglicht Bürkeler eine nähere Auseinandersetzung mit dem Wesen der Kennzahlen. Das ist deshalb nötig, weil bis heute in der betriebswirtschaftlichen Literatur kein einheitlich definierter Kennzahlenbegriff existiert.

3 Bürkeler, A., Kennzahlensystem als Führungsinstrument, Zürich 1977, S. 6

Neben dem Ausdruck «Kennzahlen» werden Begriffe wie «Kennziffern, Kontrollzahlen, Kontrollziffern, Messzahlen, Messziffern, Ratios, Richtzahlen, Schlüsselgrössen, Schlüsselzahlen, Standardzahlen»[4] usw. verwendet. Auch bei der Definition der Kennzahl besteht keine einheitliche Auffassung.[5] Bei einigen Autoren umfasst der Begriff sowohl absolute als auch Verhältniszahlen,[6] unter den Kennzahlen-Begriff anderer Autoren fallen lediglich Verhältniszahlen.[7] Von absoluten Zahlen spricht man, wenn eine Zahl unabhängig von anderen Zahlengrössen dargestellt wird. Absolute Zahlen kennzeichnen unmittelbar den Zustand, den Vorgang oder die Erscheinung, die hinter ihnen stehen. Sie können als Einzelzahl (z.B. Umsatz), als Summe (z.B. Bilanzsumme), als Differenz (z.B. working capital) und als Mittelwert (z.B. durchschnittlicher Lagerbestand) angegeben werden.[8] Die andere Kategorie bilden die Verhältniszahlen. Es handelt sich hierbei um zwei zueinander in Beziehung gesetzte Grössen. Das Verhältnis wird in einem Faktor oder in einer Prozentzahl zum Ausdruck gebracht. Wird zum Beispiel die tatsächliche Beschäftigung einer Maschine (in Stunden) zur Normalbeschäftigung (in Stunden) in Beziehung gesetzt, so erhält man aus diesem Verhältnis den Beschäftigungs- oder Nutzungsgrad.

Man unterscheidet die folgenden Arten von Verhältniszahlen:

Gliederungszahlen

Gliederungszahlen werden durch Aufgliederung einer Gesamtgrösse in Teilgrössen gewonnen, wobei letztere zur ersten in Beziehung ge-

4 Meyer, C., Betriebswirtschaftliche Kennzahlen und Kennzahlensysteme, Stuttgart 1976, S. 9
5 Vgl. Sturm, R., Finanzwirtschaftliche Kennzahlen als Führungsmittel, Diss. Berlin 1979, S. 3
6 Vgl. Bürgi, A., Führen mit Kennzahlen: Ein Leitfaden für den Klein- und Mittelbetrieb, 4. erw. Aufl., Bern 1985, S. 13
7 Vgl. Mellerowicz, K., Allgemeine Betriebswirtschaftslehre, Bd. 4, 13. Aufl., Berlin und New York 1971, S. 129; vgl. Schott, G., Kennzahlen, Instrument der Unternehmungsführung, 4. Aufl., Stuttgart/Wiesbaden 1981, S. 17; vgl. Wissenbach, H., Betriebliche Kennzahlen und ihre Bedeutung im Rahmen der Unternehmensentscheidung – Bildung, Auswertung und Verwendungsmöglichkeiten von Betriebskennzahlen in der unternehmerischen Praxis, in: Grundlagen und Praxis der Betriebswirtschaft, Band 8, Berlin 1967, S. 26
8 Vgl. Sturm, R., a. a. O., S. 4 f.

setzt werden. Gliederungszahlen machen das Verhältnis zwischen einer Teilgrösse und der Gesamtgrösse leichter überschaubar. Jede relative Häufigkeit ist eine Gliederungszahl. Wichtig ist, dass neben den Prozent- auch die absoluten Werte angegeben werden. Oft können nämlich absolute Werte zu einer wesentlichen Verdeutlichung der Zusammenhänge beitragen.
Typisches Beispiel für die Anwendung von Gliederungszahlen bildet die Analyse der Bilanz- und Absatzstruktur.

Formel:

$$\text{Gliederungszahl} = \frac{\text{Teilmenge} \times 100}{\text{Gesamtmenge}}$$

Beispiel:

Tabelle 1: Verteilung des Absatzes auf Monate und Abteilungen

Abteilung \ Absatz in den Monaten	Januar Betrag	%	%	Februar Betrag	%	%	März Betrag	%	%	Quartal Betrag	%
A	320	46	45	270	35	38	120	19	17	710	100
B	80	11	31	90	12	35	85	13	34	255	100
C	200	28	25	280	37	35	310	50	40	790	100
D	105	15	31	120	16	35	110	18	34	335	100
Total %	705		100	760		100	625		100	2090	

Beispiel:

Tabelle 2: Bilanz

Aktiven	Fr.	%	Passiven	Fr.	%
Umlaufvermögen	250	36	Fremdkapital	300	43
Anlagevermögen	450	64	Eigenkapital	400	57
Gesamtvermögen	700	100	Gesamtkapital	700	100

Beziehungszahlen

Die Beziehungszahlen sind die wichtigsten Kennzahlen. Sie setzen gleichwertige, inhaltlich aber ungleichartige Daten zueinander ins Verhältnis. Es sollen so Zusammenhänge und Entwicklungen ersichtlich werden, wobei immer eine neue Einheit geschaffen wird. «Die Fülle möglicher Beziehungszahlen wird vor allem durch die Forderung nach empirischer Aussagekraft beschränkt.» [9] So ist z. B. der Umsatz pro Quadratmeter Verkaufsfläche in einem Kaufhaus von grosser Bedeutung, die Berechnung des Umsatzes pro Quadratmeter Fertigungsfläche in einer Produktionsunternehmung wäre dagegen sinnlos.

Beispiele für Beziehungszahlen sind: [10]

Formeln:

$$\frac{\text{Umsatz des Betriebes}}{\text{Zahl der beschäftigten Personen}} = \text{Umsatz je beschäftigte Personen innerhalb einer Periode}$$

$$\frac{\text{Eigenkapital} \times 100}{\text{Anlagevermögen}} = \text{Deckung des Anlagevermögens durch Eigenkapital (Deckungsgrad A)}$$

$$\frac{\text{Jahresumsatz}}{\text{Durchschnittlich investiertes Kapital}} = \text{Kapitalumschlag}$$

Tabelle 3: Absatzstatistik

Gebiet	Marktvolumen		Marktanteil		Marktanteil		Lei-stungs-index
	Ist	Soll	Soll	Soll in % vom Soll-Marktvolumen	Ist	Ist in % vom Ist-Marktvolumen	
A	1000	1200	500	41,7	450	45,0	108 %
B	3000	2500	1000	40,0	825	27,5	69 %
C	2000	2000	400	20,0	500	25,0	125 %
Summe	6000	5700	1900	33,3	1775	29,6	88,8 %

9 Keel, A., Beschreibende Statistik, 3. Aufl., St. Gallen 1984, S. 80
10 Vgl. Wolf, J., Kennzahlensysteme als betriebliche Führungsinstrumente, München 1977, S. 12

Formel:

$$\frac{\text{Marktanteil-Ist (in \%) x 100}}{\text{Marktanteil-Soll (in \%)}} = \text{Leistungsindex}$$
$$\text{Planerfüllungsgrad}$$

Messzahlen

Die Messzahlen lassen sich in zwei Gruppen unterteilen:

- die einfachen Messzahlen
- die Indexzahlen

Die *einfachen Messzahlen* dienen dem sogenannten Entwicklungsvergleich. Sie zeigen die relative Veränderung bestimmter betrieblicher Daten. Es wird eine Basiszahl gewählt, die mit 100 angesetzt wird und auf die die übrigen Zahlen der Reihe bezogen werden. Zu beachten ist, dass man jene Jahre nicht als Basis nehmen sollte, in denen die untersuchte Grösse speziellen Einflüssen ausgesetzt war, zum Beispiel aussergewöhnliche Umsatzentwicklung infolge eines einmaligen Grossauftrages oder als Folge der Eröffnung einer Filiale.

Formel:

$$\text{(z. B.)} \quad \frac{\text{Umsatz 19..1} \times 100}{\text{Umsatz 19..0}}$$

Beispiel:
Tabelle 4: Umsatzentwicklung

Jahre	19..0	19..1	19..2	19..3	19..4
Umsatz in tausend Franken	37 300	37 900	38 900	39 300	39 900
Messzahlen (Basis 19 X 0)	100	101,6	104,3	105,4	107

Indexzahlen unterscheiden sich von einfachen Messzahlen dadurch, dass sie den Verlauf mehrerer sachlich zusammengehörender Reihen darstellen bzw. charakterisieren. Zum Beispiel beruhen der Baukostenindex oder der Lebenshaltungskostenindex auf Preisreihen typischer Produkte, die beim Bau verwendet bzw. in einem Vier-Personen-Haushalt konsumiert werden.

16

Die Indexzahlen können sich auf Preisbewegungen beschränken (Preisindex), nur Mengenveränderungen umfassen (Mengenindex) oder eine Kombination von Preis- und Mengenveränderungen zeigen (Wertindex).

Eine ausführliche Herleitung der Formeln dieser Indizes sowie ein Vergleich der Aussagekraft der grundsätzlich zu unterscheidenden Verfahren (Laspeyres versus Paasche) würden den Rahmen unserer Ausführungen sprengen. Wir verweisen diesbezüglich auf die einschlägige Literatur [11].

Fasst man die bisherigen Ausführungen zusammen, so erhält man folgende Übersicht über die Arten von Kennzahlen.

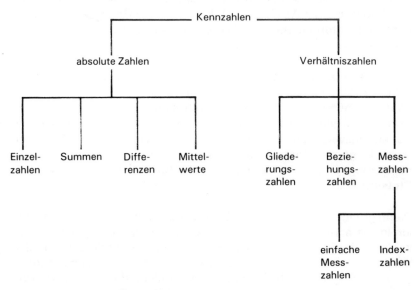

Abbildung 1: Arten von Kennzahlen

11 Vgl. z. B. Keel, A., a. a. O., S. 83 ff.; Hunziker, A., Scheerer, F., Statistik – Instrument der Betriebsführung, 6. Aufl., Zürich 1984, S. 124 ff.

Der in der Literatur herrschende Meinungsstreit, ob neben Verhältniszahlen auch absolute Zahlen betriebswirtschaftliche Kennzahlen sein können, ist für die Praxis irrelevant, da eine ganze Reihe von absoluten Zahlen sowieso laufend als Kennzahlen verwendet werden. Dazu gehören der Umsatz, der Gewinn, der Cash-flow und das Netto-Umlaufvermögen. «Ob eine Kennzahl vorliegt, ist demnach nicht davon abhängig, ob es sich um eine absolute Zahl oder um eine Relativzahl handelt, sondern ausschliesslich davon, inwieweit solche Zahlen problemorientiert über betriebswirtschaftliche Tatbestände etwas auszusagen vermögen.» [12]

Diese Aussage ist insofern richtig, als auch absolute Zahlen eine Aussagekraft besitzen können. Das ist beispielsweise dann der Fall, wenn mit absoluten Zahlen verschiedener Perioden eine Zeitreihe gebildet wird (zur Darstellung einer Entwicklung) oder wenn eine absolute Zahl als Sollgrösse mit der entsprechenden Istgrösse verglichen wird (zur Ermittlung der Abweichung). Eine absolute Grösse für sich allein hat keinen Informationsgehalt. Diese Feststellung wollen wir am Beispiel des Cash-flows, einer der wichtigsten Führungsgrössen, verdeutlichen.

Als einzelne absolute Zahl sagt der Cash-flow lediglich etwas über seine Grösse aus. Ob der erwirtschaftete Cash-flow aber genügend oder ungenügend ist, wird erst durch seine Beziehung zu anderen zweckmässigen Grössen zum Ausdruck gebracht, zum Beispiel im Konkurrenzvergleich, im Verhältnis zum Umsatz, zu den Schulden (kurzfristige, langfristige, gesamte), zu den Investitionen (Selbstfinanzierungsgrad) oder zum ausgeschütteten Gewinn (Dividenden, Steuern).

Wenn grundsätzlich also auch absolute Zahlen durchaus als Kennzahlen in Betracht kommen, so ist die Aussagekraft der relativen Kennzahlen in der Regel aber grösser. Bei den relativen Zahlen, namentlich bei den Beziehungszahlen geht es vor allem um die Erfassung dispositiver Wirkungen, welche sich bei der Veränderung einer Grösse ergeben. So wird die Lagerumschlagshäufigkeit von Fertigprodukten um so grösser, je besser es gelingt, den durchschnittlichen Lagerbestand

---

12 Wolf, J., a. a. O., S. 11 (Fast das gleiche Zitat bei Merkle, E., Betriebswirtschaftliche Formeln und Kennzahlen und deren betriebswirtschaftliche Relevanz, in: Wirtschaftswissenschaftliches Studium, H. 7, 1982, S. 326)

bei gleichem Umsatz zu reduzieren. Die gleiche Wirkung wird erzielt, wenn der Umsatz bei gleichbleibendem Lagerbestand entsprechend erhöht werden kann.

Zum Abschluss der begrifflichen Auseinandersetzung ist die Kennzahl schliesslich gegenüber der Kennziffer abzugrenzen. Beide Begriffe werden vielfach synonym gebraucht. Nach Auffassung eines der bekanntesten Autoren, der sich eingehend mit den Kennzahlen befasst hat, H. Antoine, ist diese Gleichsetzung falsch. Nach ihm sind Kennzahlen «betriebsindividuelle Messwerte, die nur für den eigenen Betrieb gültig sind». [13] Dagegen sind Kennziffern «Messzahlen von grundsätzlicher Bedeutung, die über den einzelnen Betrieb hinaus massgeblich sein sollen». [14]

Wir schliessen uns dieser Unterscheidung an und werden in den folgenden Ausführungen nur das Wort «Kennzahl» verwenden, da der Terminus Kennziffer für überbetrieblich gewonnene Zahlenwerte, die uns hier nicht interessieren, reserviert ist.

Zusammenfassend können die Kennzahlen verstanden werden als «hochverdichtete Messgrössen, die als Verhältniszahlen oder absolute Zahlen in einer konzentrierten Form über einen zahlenmässig erfassbaren Sachverhalt berichten». [15]

Eine Kennzahl ist «ganz allgemein als rechentechnisches Mittel aufzufassen, das der Quantifizierung von Informationen für Entscheidungsprobleme verschiedenster Art dient». [16]

3. Kennzahlen als Vergleichszahlen

Die starke Verbreitung und intensive Nutzung der Kennzahlen in der Praxis lassen darauf schliessen, dass sie als unentbehrliche Informationen für die Lenkung der Unternehmung betrachtet werden. Bevor

---

13 Antoine, H., Kennzahlen, Richtzahlen, Planungszahlen, Wiesbaden 1958, S. 22
14 Antoine, H., a. a. O., S. 22
15 Küting, K., Grundsatzfragen von Kennzahlen als Instrument der Unternehmungsführung, in: Wirtschaftswissenschaftliches Studium, H. 5, 1983, S. 237
16 Heinen, E., Betriebliche Kennzahlen. Eine organisationstheoretische und kybernetische Analyse, in: Heinen, E. (Hrsg.), Grundfragen der entscheidungsorientierten Betriebswirtschaftslehre, München 1976, S. 147

wir auf die Frage eingehen, welche Kennzahlen sich für die Führung am besten eignen, wollen wir darlegen, wieweit Kennzahlen allgemein die Voraussetzungen für eine fundierte Informationsversorgung besitzen. Für die Bedeutung der Kennzahlen als Führungsgrösse kann grundsätzlich gesagt werden, dass Kennzahlen ihren eigentlichen Wert erst dann erhalten, wenn sie mit andern Kennzahlen verglichen werden. «Nur durch Gegenüberstellung entfaltet sich ihr Charakter der Massstäblichkeit.»[17]
Die Kennzahlenvergleiche können in Form einbetrieblicher und/oder mehrbetrieblicher Analysen durchgeführt werden. Im folgenden konzentrieren wir uns auf die einbetrieblichen, internen Vergleiche.[18]
Es gibt drei Arten von innerbetrieblichen Vergleichen: der Zeitvergleich, der Soll-Ist-Vergleich und der Norm-Soll-Vergleich. Dazu ein schematischer Überblick:

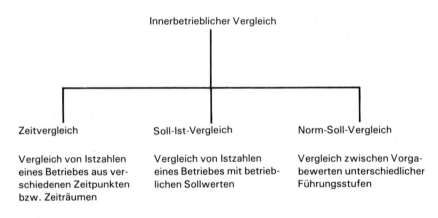

Abbildung 2: Arten von innerbetrieblichen Vergleichen

17 Scheuing, E. E., Unternehmungsführung und Kennzahlen, Baden-Baden 1967, S. 31
18 Zu den internen Vergleichen gehören grundsätzlich auch vertikale und horizontale Vergleiche innerhalb von Konzernen. Diese Arten von Vergleichen schliessen wir im folgenden von unserer Betrachtung aus, andernfalls müssten wir in der Abbildung 2 noch eine weitere Dimension, Quervergleich, einführen.

3.1 Zeitvergleich

Beim innerbetrieblichen Zeitvergleich werden gleiche Sachverhalte verschiedener Zeitperioden einander gegenübergestellt. So kann z. B. die Relation Nettogewinn im Verhältnis zum durchschnittlichen Eigenkapital (Eigenkapitalrentabilität) mit der entsprechenden Kennzahl der Vorjahre verglichen werden. Solche Kennzahlen bzw. Kennzahlenvergleiche sind unentbehrliche Informationen über die Betriebsgebarung. Sie vermögen nämlich nicht nur

1. ein klares Bild über die wirtschaftliche Situation in der Unternehmung zu geben und

2. Erkenntnisse über die bisherige Entwicklung der Unternehmung zu vermitteln, sondern erlauben auch,

3. eine negative Entwicklung früh zu erkennen, um rechtzeitig Korrekturmassnahmen einleiten zu können.

3.2 Soll-Ist-Vergleich

Je nachdem, ob Kennzahlen ex post oder ex ante ermittelt werden, spricht man von Ist- oder Soll-Kennzahlen. Die Ist-Kennzahlen werden auf der Basis effektiv ermittelter Zahlen gebildet. Die Soll-Kennzahlen werden für die nächste(n) Periode(n) aufgestellt und haben den Charakter von Standard- oder Plan-Kennzahlen:

– Standard-Kennzahlen sind Zahlen, die auf betriebsindividuellen Daten der Vergangenheit aufbauen und als Massstab für die Gegenwart herangezogen werden.

– Plan-Kennzahlen sind Zahlen, die für die Mitarbeiter als Zielvorgabe gelten.

Beim Soll-Ist-Vergleich werden Soll- und Ist-Kennzahlen einander gegenübergestellt. Die Notwendigkeit eines solchen Vergleiches ergibt sich aus der Forderung nach Kontrolle. Diese steht im Dienst der Zielverwirklichung; sie will die Erreichung von Unternehmungszielen, hier dargestellt in Form von Plan-Kennzahlen, sicherstellen. Kontrolle richtet sich dabei auf das Erkennen eingetretener oder mit Hilfe der Hochschätzung voraussehbarer Abweichungen und deren Auswirkungen auf die Zielerreichung und ermöglicht damit, jene Massnahmen zu ergreifen, die geeignet erscheinen, unerwünschte Folgen zu beseitigen oder in Grenzen zu halten. Kontrolle sichert indessen nicht die Zielerreichung an sich, sondern die unter den situativen Gegebenheiten und Möglichkeiten bestmögliche Zielverwirklichung, sofern diese in ihrer Grösse bis zum Abschluss des Realisierungsgeschehens noch erwünscht ist. [19]

3.3 Norm-Soll-Vergleich

Beim Norm-Ṣóll-Vergleich werden verschiedene Vorgabe-Kennzahlen unterschiedlicher Führungsstufen (vgl. Kapitel IV) miteinander verglichen. Diese Vergleiche dienen folgenden Zwecken:

1. Sicherstellung der Konsistenz des Zielsystems einer Unternehmung,

2. Massstab des Zielbildungsprozesses hierarchisch untergeordneter Bereiche und Abteilungen,

3. Gewährleistung einer adäquaten Umsetzung der unternehmungspolitischen Zielrichtlinien in operative Vorgaben.

4. Aufgabe und Zweck der Kennzahlen

Da Kennzahlen und Kennzahlensysteme äusserst vielseitig verwendbar sind, gibt es kaum eine wichtige Unternehmensfunktion, die in der Literatur nicht mit diesen in Zusammenhang gebracht wird. [20]

---

19 Vgl. Siegwart, H., Menzl, I., Kontrolle als Führungsaufgabe, Bern und Stuttgart 1978, S. 11 f.
20 Vgl. Küting, K., Grundsatzfragen von Kennzahlen als Instrumente der Unternehmungsführung, a. a. O., S. 238

Drei Aufgabenbereiche seien hier besonders hervorgehoben:

- *Kennzahlen zur Ermittlung der Wirtschaftlichkeit der Unternehmung*
Die Wirtschaftlichkeit einer Unternehmung wird am besten mit Hilfe von Kennzahlen ermittelt. Die aus den eingesetzten Mitteln und ihrer unter dem Einfluss der Marktbedingungen erzielten ökonomischen Wirkung errechnete Verhältniszahl ermöglicht der Unternehmungsleitung zu beurteilen, wie sich beispielsweise ein geändertes Fertigungsverfahren auf die Produktivität und Wirtschaftlichkeit auswirkt, wie ein neues Produkt den Erfolg beeinflusst, wie stark sich grössere Verkaufsanstrengungen auf den Umsatz auswirken.
Mit Kennzahlen kann aber nicht nur die wirtschaftliche Situation einer Unternehmung gemessen werden. Oft sind sie auch Ansatzpunkt für das Beheben bzw. Ausmerzen wirtschaftlicher Schwächen und Unzulänglichkeiten.

- *Kennzahlen als Zielvorgaben*
Eine der wichtigsten Aufgaben der Unternehmungsführung besteht in der Bestimmung von Zielgrössen als Grundlage für sämtliche strategischen und operativen Handlungsentscheidungen. Von der Eignung her sind Kennzahlen die wichtigsten Zielvorgaben (Plan-Kennzahlen).

- *Plan-Kennzahlen als Mittel der Kontrolle*
Um Abweichungen festzustellen, die Ursachen analysieren und entsprechende Korrekturmassnahmen einleiten zu können, müssen die Ist-Kennzahlen mit den Plan-Kennzahlen verglichen werden, d. h. der Grad der Zielerreichung ist zu kontrollieren. Die Qualität der Kontrolle hängt dabei entscheidend von der Qualität der Plan-Kennzahlen ab.

Durch Anwendung der Kennzahlen erhält das Management die Möglichkeit, kausale Zusammenhänge, die Ursachen und Wirkungen positiver und negativer Faktoren zu erkennen. Bei der Fülle des Betriebsgeschehens sollen Kennzahlen eine qualifizierte Auslese von Daten aus einer Vielzahl von Aufschreibungen ermöglichen. Damit tragen Kennzahlen zu einer Verminderung der Unsicherheit bei der Entscheidungsfindung bei.

23

Für viele Entscheide ist es wichtiger, in Relationen statt in Franken und Rappen zu denken, mehr auf die Produktivität als auf die Produktion zu achten. Mit Hilfe der Kennzahlen ist das möglich. Wenn an einem bestimmten Tag in einem Betrieb stundenlang Ausschuss produziert wird, ist das ärgerlich. Wenn der Ausschuss über eine bestimmte Periode gerechnet aber die Normquote von 2 Prozent nicht überschreitet, ist das nicht sehr aufregend. Wenn ein potentieller Auftrag an die Konkurrenz verloren geht, ist das ebenfalls ärgerlich. Wenn die Offerterfolgsquote nach wie vor 30 Prozent beträgt, dann gehört ein solcher Einzelfall zur Norm. Solche und ähnliche Situationen ereignen sich in jedem Unternehmen täglich. Zu ihrer Beurteilung kommt es auf die Relation zur Gesamtgrösse an.

5. Darstellungsform der Kennzahlen

Das Aussagepotential von Kennzahlen wird nicht nur durch die Art der Grösse bestimmt, welche zu ihrer Bildung herangezogen werden. Ebenso wichtig ist eine adäquate Präsentationsform: «Es ist eine unbestrittene Tatsache, dass in manchen Fällen wertvolle Ergebnisse nur deshalb bei den leitenden Personen keine oder nur ungenügende Beachtung finden, weil sie in unzweckmässiger, unübersichtlicher Form dargeboten werden.» [21]
Mittels geeigneter Darstellungsarten kann der Erkenntniswert von Kennzahlen wesentlich erhöht werden. Geeignete Hilfsmittel sind Tabellen und graphische Darstellungen. Insbesondere Tabellen sind wichtige Informationsträger. Damit Tabellen die geforderte Qualität aufweisen, müssen sie jedoch einige Bedingungen erfüllen. Nachstehend sind einige Empfehlungen in geraffter Form festgehalten: [22]

21 Nowak, P., Betriebswirtschaftliche Kennzahlen, in: Handwörterbuch der Wirtschaftswissenschaften, 2. Aufl., Köln und Opladen 1966, S. 712
22 Für weitere Studien sei die folgende Literatur empfohlen: Hunziker, A., Scheerer, F., a. a. O., S. 34 ff.; Riedel, G., Betriebsstatistik, Stuttgart 1980; Scharnbacher, K., Statistik im Betrieb, 5., überarbeitete Aufl., Wiesbaden 1986, S. 35 ff.

- Der Aufbau der Tabelle muss klar, eindeutig und möglichst einfach sein.
- Der Zweck der Darstellung muss erkennbar sein.
- Wesentliche Aussagen sind hervorzuheben.
- Mehrere zusammenhängende Tabellen sind durchzunumerieren.
- Die Quellen der Ergebnisse sind, wenn nötig, anzugeben.
- Jede Tabelle ist mit einer klaren und eindeutigen Überschrift zu versehen.
- Die Kontinuität ist sowohl beim formalen Aufbau wie beim Inhalt zu wahren.
- Werden Kombinationstabellen benutzt (Gliederung nach mehreren Merkmalen), dann sollten sie nicht mehr als drei bis fünf Merkmale enthalten, weil die Tabelle sonst unübersichtlich wird.

Eine in ihren wichtigsten Eigenschaften umrissene Tabelle zeigt nachstehendes Musterbeispiel.

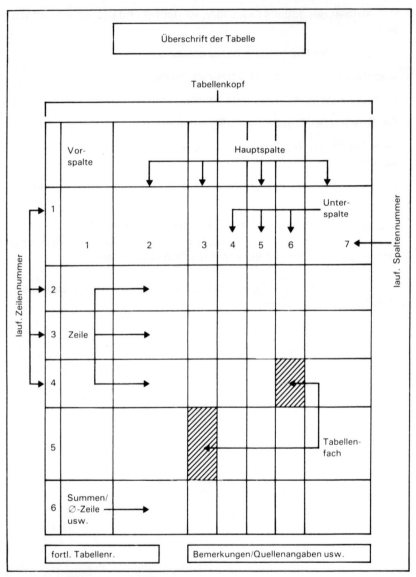

Abbildung 3: Musterbeispiel einer Tabelle
In Anlehnung an DIN 35301 und DIN 55302 des Arbeitsausschusses Statistik

Zahlentabellen werden häufig durch graphische Darstellungen ergänzt. Wie leicht einzusehen ist, vermögen solche Darstellungen Zusammenhänge besser zu zeigen sowie den Informationsgehalt zu steigern. Das wird dann optimal erreicht, wenn Verzerrungen, falsche Gruppierungen und das Aufführen unwichtiger Werte vermieden werden.
Die Auswahl adäquater Darstellungsformen gestaltet sich allerdings oftmals schwierig. Im folgenden sollen deshalb einige Anwendungsmöglichkeiten der wichtigsten graphischen Darstellungsformen aufgezeigt werden:

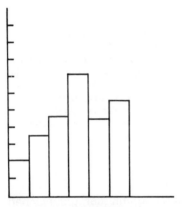

Das **Balkendiagramm** eignet sich für die Darstellung von absoluten Grössen im Zeitablauf.

Beispiele:
Investitionsausgaben pro Jahr, Entwicklung der Lagerbestände, Entwicklung des Cash-flow.

Abbildung 4: Balkendiagramm

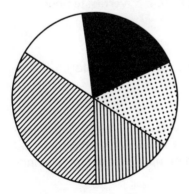

Gliederungszahlen lassen sich am besten in einem **Kreisdiagramm** darstellen. Die Grösse des Kreissektors entspricht jeweils dem Anteil der Teilgrösse an der Gesamtgrösse.

Beispiele:
Aufteilung des Umsatzes nach Regionen, Gliederung des Personalbestandes nach Altersklassen.

27   Abbildung 5: Kreisdiagramm

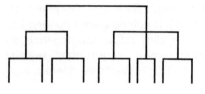

Die Darstellungsform des **Baumes** dient der Wiedergabe von sachlogischen oder rechnerischen Verknüpfungen. Im Kapitel II werden wir uns bei der Darstellung der Kennzahlensysteme eingehender mit dem Baum befassen.

Abbildung 6: Baum

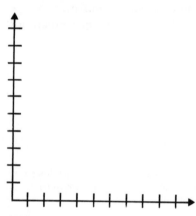

Das **Koordinatensystem** bietet sicherlich das grösste Anwendungsspektrum. Besondere Eignung kommt ihm bei der Darstellung von Häufigkeitsverteilungen (Beispiel: Anzahl Aufträge pro Grössenklasse), Wertzuwächsen (Beispiel: Umsatzentwicklung) und Trend- oder Zielabweichungen (Beispiel: Entwicklung der Liquidität im Vergleich zur Zielgrösse) zu.

Abbildung 7: Koordinatensystem

Für eine weitergehende Auseinandersetzung mit der graphischen Darstellung von Kennzahlen – insbesondere im Zusammenhang mit der Informatik – empfehlen wir die von P. Wurr [23] verfasste Schrift.

6. Voraussetzungen für die Arbeit mit Kennzahlen

6.1 Ausgebautes Rechnungswesen

Für die Arbeit mit Kennzahlen ist ein ausgebautes Rechnungswesen eine conditio sine qua non: «Kennzahlen können nur dann sinnvoll gebildet werden, wenn das Unternehmen über ein entsprechendes

23 Wurr, P., Management-Grafik von A bis Z, VBO-Verlag, Baden-Baden 1984

Rechnungswesen verfügt. Eine Zusammenfassung in aussagekräftigen Kennzahlen setzt eine systematische Erfassung und Verdichtung des Ursprungsmaterials voraus.» [24]

6.2 Richtige Auswahl

Bei den vielfältigen Möglichkeiten der Bestimmung und Nutzung von Kennzahlen als Führungsgrössen ist ein gewisser Zufall bei ihrer Auswahl nicht auszuschliessen. Das ist dann nicht sehr problematisch, wenn es gelingt, geeignete Auswahlkriterien zu finden. Ein wichtiges Kriterium sind unserer Ansicht nach die Funktionen, die Kennzahlen zu erfüllen vermögen. Folgende Funktionen kommen in Frage:

- Kennzahl als Massstab und Massgrösse,

- Kennzahl als Zielgrösse und

- Kennzahl als Kontrollgrösse.

In erster Linie kommen Kennzahlen in Frage, die allen drei funktionalen Ansprüchen zu genügen vermögen. Die Betrachtung bezieht sich hier ausschliesslich auf die Eigenschaften von Kennzahlen als solchen und nicht auf ihre Höhe, obschon die Bestimmung der Höhe von Kennzahlen vor allem bei den Zielgrössen (Plan-Kennzahlen) von Bedeutung ist.
Bei der Auswahl von Kennzahlen ist auch die Interdependenz zwischen Unternehmungsführung und Leistungswirksamkeit zu berücksichtigen. Aus dieser Interdependenz ergibt sich die Eignung von Kennzahlen für die Beurteilung von Produktivität, Wirtschaftlichkeit und Rentabilität. Da es sich hier um allgemeine Komponenten der Leistungswirksamkeit handelt, gibt es Kennzahlen, die für alle Unternehmungen in Betracht kommen. Daneben ist es notwendig, unternehmungsindividuelle Kennzahlen zu wählen, weil gewisse Kennzahlen für die einzelne Unternehmung nicht die gleiche Bedeutung haben oder im Einzelfall sogar unwichtig sind. Beispiele dazu sind der Bestellungseingang oder die Reichweite des Auftragsvorrates. Schliesslich

24 Liebig, V., Kennzahlenanalyse, Grundlagen und Möglichkeiten der praktischen Anwendung, in: zfbf-Kontaktstudium 29 (1977), S. 72

ist darauf hinzuweisen, dass einzelne Kennzahlen im Ablauf der Zeit nicht immer die gleiche Bedeutung besitzen.

Von der Sache her ist zum Beispiel die Kenntnis der Umschlagshäufigkeit der Debitoren wichtig. Eine nähere Überprüfung dieser Kennzahl wird man dann vornehmen, wenn festgestellt wird, dass die Unternehmung durch eine ungünstige Entwicklung der Debitoren in einen Liquiditätsengpass gerät. Von geringerer Bedeutung ist diese Kennzahl dann, wenn sie über der branchenüblichen Norm liegt.

Aus dem Gesagten geht hervor, dass es keine Rezepte gibt, wann und wo welche Kennzahlen in Frage kommen. Wesentlich ist, dass nur leistungsrelevante Kennzahlen ermittelt werden, welche die wirtschaftliche Situation der Unternehmung als Ganzes hinreichend zum Ausdruck bringen.

Die Ermittlung und Bereitstellung von Kennzahlen hat sich an den Bedürfnissen der Benützer, d. h. der Führungskräfte zu orientieren. Die Auswahl der Kennzahlen ist daher gemeinsam von den Führungskräften und dem Controller zu erarbeiten. Bestimmende Kriterien sind dabei Nutzen und Eignung der Kennzahlen, in quantitativ knapper, qualitativ prägnanter Weise jene Sachverhalte festzuhalten, die von den verantwortlichen Stellen als Massgrösse und als Entscheidungsgrundlage gebraucht werden.

6.3 Grad der inneren Verwandtschaft

Der Wert einer Kennzahl steigt mit dem Grad der inneren Verwandtschaft oder des Kausalzusammenhanges der ihr zugrunde liegenden Faktoren. So hat beispielsweise die Pro-Kopf-Leistung in der Produktion weniger mit dem Provisionssatz der Vertreter als vielmehr mit dem allgemeinen Lohnniveau zu tun. [25]

6.4 Korrekte Ermittlung

Ein weiterer wichtiger Punkt besteht in der korrekten Ermittlung der Kennzahlen. «Schöne» Kennzahlen nützen nichts, solange sie falsch berechnet werden oder es an der Kontinuität der Ermittlung fehlt. Eine

25 Vgl. Schott, G., Kennzahlen – Kompass des Unternehmens, Stuttgart 1965, S. 15

richtige Ermittlung ist die Voraussetzung für eine brauchbare Interpretation und Auswertung, wobei man sich auf die Arbeit der Finanz- und Rechnungswesenabteilung, die im Normalfall zuständig sein dürfte, verlassen können muss. [26] Die Qualität der Kennzahlen kann nur so gut sein wie die Qualität des Rechnungswesens bzw. der Statistik.

6.5 Aktualität

Viele Kennzahlen sind Momentaufnahmen und müssen deshalb vorliegen, wenn sie aktuell sind. Je grösser die Turbulenzen im täglichen Geschäftsverlauf sind, um so zügiger hat die Ermittlung zu erfolgen. Es ist auch darauf zu achten, dass zyklische Schwankungen berücksichtigt werden. Auftragsbestand, Belegschaft und Liquidität von saisonabhängigen Wirtschaftszweigen können innerhalb eines Quartals ausserordentlich unterschiedlich sein. [27]

6.6 Analyse

Kennzahlen sollen vor allem dazu dienen, Schwachstellen in einem Unternehmen aufzuzeigen und damit die Einleitung von Änderungsprozessen zu ermöglichen. Das setzt voraus, dass die Kennzahlen analysiert werden.
Diese Analyse kann innerbetrieblich im Zeitvergleich für die gesamte Unternehmung, für einzelne Abteilungen oder Filialen oder überbetrieblich mit anderen Unternehmungen durchgeführt werden. Dabei ist vor allem auf folgende Punkte hinzuweisen. Innerbetrieblich können Kennzahlen durch Investitionen, besonders Rationalisierungsinvestitionen, stark verändert werden. Überbetrieblich muss darauf geachtet werden, dass die Unternehmungen überhaupt vergleichbar sind, d. h. etwa aus der gleichen Branche stammen und sich auch in Grösse, Organisation, Betriebsstruktur usw. nicht allzusehr voneinander unterscheiden.

26 Vgl. Sturm,R., a. a. O., S. 10; Twerenbold, M. W., Kennzahlen für die Praxis – ein Vorschlag, in: Betriebswirtschaftliche Praxis in Klein- und Mittelbetrieben, OBTG Festschrift Hans Albrecht, Bern und Stuttgart 1979, S. 47
27 Vgl. Schott, G., Kennzahlen – Kompass des Unternehmens, a. a. O., S. 16

Diese in den Abschnitten 6.2 bis 6.6 aufgeführten Voraussetzungen decken sich im wesentlichen mit den Anforderungen, welche heute an ein modernes betriebliches Rechnungswesen gestellt werden. [28]

28 Vgl. Siegwart, H., Betriebliches Rechnungswesen, in: Brauchlin, E. (Hrsg.), Konzepte und Methoden der Unternehmungsführung, Bern und Stuttgart 1981, S. 209 ff.

II. Kennzahlensysteme

Neben den einzelnen Kennzahlen stehen die Kennzahlensysteme. Den einzelnen Kennzahlen ist gemeinsam, dass sie einen bestimmten quantitativen Begriff kennzeichnen, wie etwa Gewinn, Cash-flow, Deckungsbeitrag, Verzinsung des eingesetzten Kapitals, Auftragsbestand, Kosten und Produktivität. Kennzahlensysteme können definiert werden als logische und/oder rechnerische Verknüpfung mehrerer Kennzahlen, die zueinander in einem Abhängigkeitsverhältnis stehen. Es handelt sich um eine aufbauende, zweckorientierte Gliederung einzelner Kennzahlen.

Ausgangspunkt bei Kennzahlensystemen ist meistens das oberste Unternehmungsziel, das in mehrere Teilziele unterteilt wird.[1]

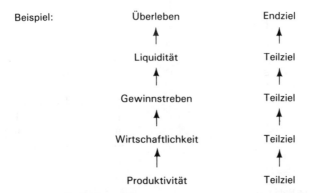

Abbildung 8: Zielhierarchie

Mit den Kennzahlensystemen wird versucht, die Unternehmung etwa in Analogie zur Systemtheorie abzubilden. Dabei stellen die Kennzahlen die Elemente dar, zwischen denen bestimmte Beziehungen beste-

1 Vgl. Bürgi, A., a. a. O., S. 16

hen. Da diese, wie bereits ausgeführt, rechentechnischer und/oder sachlogischer Natur sein können, lassen sich grundsätzlich zwei Arten von Kennzahlensystemen unterscheiden:

1. *Rechentechnische Systeme:*
   (Rechensystem)
   Sie beruhen auf der mathematischen Zerlegung von Kennzahlen. Dadurch werden Sachverhalt und Art der Beziehungen dargestellt.

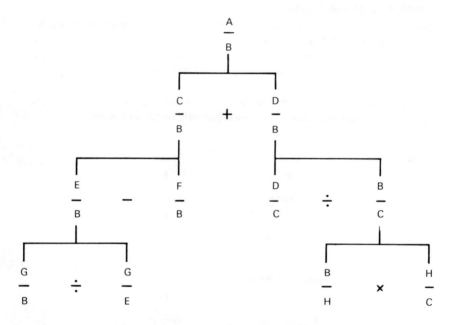

Abbildung 9: Aufbau eines Rechensystems [2]

2 Aus Lachnit, L., Systemorientierte Jahresabschlussanalyse. Weiterentwicklung der externen Jahresabschlussanalyse mit Kennzahlensystemen, EDV und mathematisch-statistischen Methoden, in: Betriebswirtschaftliche Forschung, Band 13, Wiesbaden 1979, S. 29

2. *Sachlogische Systeme:*
Im Vordergrund stehen nicht mehr die rein mathematischen Beziehungen, sondern die Sachzusammenhänge.

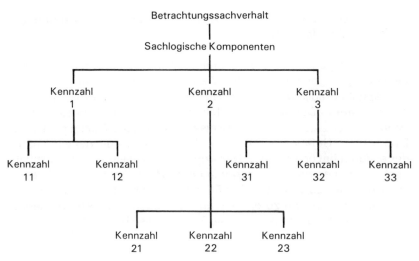

Abbildung 10: Aufbau eines Ordnungssystems [3]

Kennzahlensysteme sind eigentlich Optimierungsmodelle, mit denen die Zielwirksamkeit mehrerer Faktoren gleichzeitig ermittelt wird. Darüber hinaus kann untersucht werden, in welchem Ausmass die Veränderung eines oder mehrerer Faktoren sich auf die obere Zielgrösse auswirkt.

Begrenzt wird die Bildung von Kennzahlensystemen durch folgende Anforderungen, welche an die Auswahl und Aufbereitung der Daten gestellt werden: [4]

– Die Daten müssen einheitlich definiert und ermittelt werden.

---

3 Aus Heinen, E., a. a. O., S. 238
4 Vgl. Staehle, W., Kennzahlensysteme als Instrumente der Unternehmungsführung, in: Wirtschaftswissenschaftliches Studium, H. 5, Mai 1973, S. 227

- Sie müssen zum gleichen Zeitpunkt und für den gleichen Zeitraum gewonnen werden.
- Zwischen Mengen- und Wertgrössen muss eine klare Trennung vorgenommen werden.
- Die Daten müssen in einem logischen Zusammenhang zum untersuchten Problem stehen.

In den im folgenden kurz vorgestellten Kennzahlensystemen kommt meist lediglich eine monistische Zielvorstellung zum Tragen, nämlich die Kapitalrentabilität. (Ausnahmen bilden das ZVEI- und das RL-Kennzahlensystem.) Das weckt eine falsche Erwartung, denn eine Unternehmung verfolgt notwendigerweise verschiedene Ziele gleichzeitig. Eine weitere Gefahr besteht darin, dass dieses Hauptziel auf Kosten der anderen bevorzugt wird. Deswegen Kennzahlensysteme abzulehnen, wäre aber ebenso falsch wie deren Hauptziel die ausschliessliche Dominanz zu verleihen. Für Entscheidungen, die darauf abzielen, die Kapitalverzinsung zu optimieren, vermögen diese Kennzahlensysteme nämlich durchaus wertvolle Erkenntnisse beizusteuern.

1. Das DuPont-System

Das «DuPont-System of Financial Control» wurde vom amerikanischen Chemiekonzern DuPont de Nemours and Co. entwickelt. Ausgangspunkt dieses Systems – und zugleich oberstes Ziel der Unternehmung – ist der Return on Investment (ROI), d. h. der Ertrag aus dem investierten Kapital. Die Formel des Return on Investment, welche die Rentabilität des Gesamtkapitals ausdrückt, lautet:

Umsatzrentabilität x Kapitalumschlag = ROI

Diese ROI-Zahl wird in ihre Bestandteile zerlegt, wobei die Kennzahlenhierarchie auch als Zielhierarchie verstanden werden muss. Das System hat folgendes Aussehen: [5]

5 Aus Schott, G., Kennzahlen, Instrument der Unternehmungsführung, a. a. O., S. 289

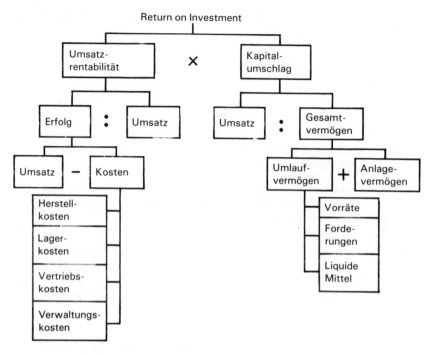

Abbildung 11: Das DuPont-System

In der Literatur werden verschiedene Varianten des ROI-Systems dargestellt. Die Unterschiede bestehen dabei in der Anzahl der verknüpften Zahlen und deren Definitionen. [6]

Die Spitzenkennzahl Return on Investment zeigt die jährliche Rentabilität des in das Unternehmen investierten Kapitals auf. Dabei baut das Kennzahlensystem, das um diesen ROI herum errichtet wird, vor allem auf einer Bilanzanalyse auf, schliesst jedoch den Zuzug betriebsinterner Daten nicht aus. [7]

6 Vgl. Mak, O., Kennzahlensysteme als Hilfsmittel zur Erfolgskontrolle, Forschungsbericht Nr. 183, Wien 1983, S. 3; Botta, V., Kennzahlensysteme als Führungsinstrumente. Planung, Steuerung und Kontrolle der Rentabilität im Unternehmen, Schriftenreihe «Grundlagen der Betriebswirtschaft», Bd. 49, Göttingen 1983, S. 40; Wolf, J., a. a. O., S. 39 ff.

7 Vgl. Wolf, J., a. a. O., S. 40

Das DuPont-System of Financial Control gehört heute wohl zu den bekanntesten Kennzahlensystemen.

Seine Bedeutung verdankt das DuPont-System u. a. folgenden Stärken:

- Durch die Zerlegung des Return on Investment in die beiden Kennzahlen Kapitalumschlag und Umsatzrentabilität verdeutlicht es die Möglichkeiten der Erhöhung des ROI. Der Möglichkeit einer Verbesserung des ROI durch Erhöhung des Kapitalumschlags ist man sich in der Praxis oftmals zu wenig bewusst.

- Durch seinen Aufbau zeigt es die Wirkungszusammenhänge in einer Unternehmung auf und eignet sich damit ausgezeichnet als pädagogisches Hilfsmittel.

Gerade der letzte Punkt war der Anlass, am Institut für Betriebswirtschaft an der Hochschule St. Gallen den nachstehend abgebildeten sogenannten «Trampelpfad» zur Umtopfung des Gesamtziels in viele kleine Einzelziele zu entwickeln, um bildlich die zielorientierte Einheit der Unternehmung und die Rolle der Quellen im Hauptziel darzustellen. Damit soll das Verständnis dafür geweckt werden, dass in einer Unternehmung eine Vielzahl von Wurzeln Wirkungen haben und dass das Hauptziel nur durch Zusammenarbeit von Führungskräften und Mitarbeitern erreichbar ist. Ferner wird damit gezeigt, dass nicht nur verschiedene Wege zum Gesamtziel führen, sondern dass jedes Feld auf jeder Hierarchiestufe mit gleicher Kompetenz und gleichem persönlichen Einsatz bestellt werden muss.

2. Die Ratios au tableau de bord

An der Spitze der in Frankreich entstandenen und in einigen französischen Firmen erfolgreich angewendeten Methode der «Ratios au tableau de bord» steht, wie beim DuPont-System, die Gesamtkapitalrentabilität. Sie wird jedoch nicht durch die ROI-Zahl, sondern durch den sehr eng damit verbundenen Begriff der Gewinnrentabilität ausgedrückt.

38

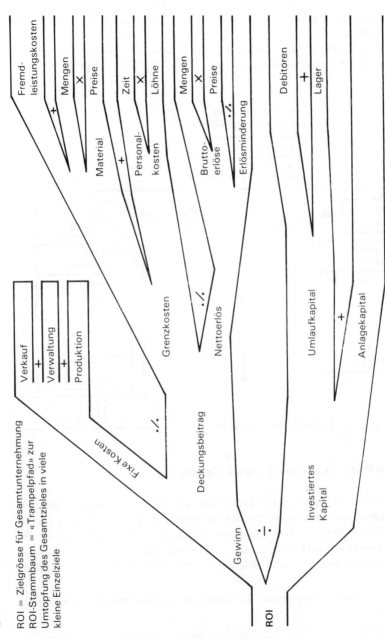

ROI = Zielgrösse für Gesamtunternehmung
ROI-Stammbaum = «Trampelpfad» zur
Umtopfung des Gesamtzieles in viele
kleine Einzelziele

Verkauf
+
Verwaltung
+
Produktion

Fixe Kosten

Fremd-
leistungskosten

Mengen
×
Preise

Material

Zeit
×
Löhne

Personal-
kosten

Mengen
×
Preise

Brutto-
erlös

Erlösminderung

Debitoren

Lager

Grenzkosten

Nettoerlös

Deckungsbeitrag

Gewinn

ROI

Investiertes
Kapital

Umlaufkapital

+

Anlagekapital

Abbildung 12: Die Entstehung des Return on Investment

Die folgenden Kennzahlen folgen im wesentlichen dem Aufbau des DuPont-Systems; die Analyse geht aber viel weiter ins Detail und bringt eine vollständige Zerlegung und Studie sowohl der Betriebsabrechnung als auch der Bilanz- und Erfolgsrechnungsdaten: [8]

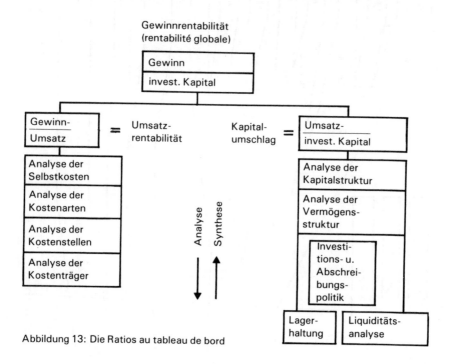

Abbildung 13: Die Ratios au tableau de bord

3. Die Pyramid Structure of Ratios

«Dieses Kennzahlensystem stellt weniger auf den innerbetrieblichen als auf den zwischenbetrieblichen Vergleich ab. Im Jahre 1956 wurde am British Institute of Management (Grossbritannien) eine Kennzahlenpyramide entwickelt, die, ausgehend von einer Analyse der einzelnen Unternehmung, über einen zwischenbetrieblichen Kennzahlen-

8 Aus Schott, G., Kennzahlen, Instrument der Unternehmungsführung, a. a. O., S. 292

vergleich Aussagen über den relativen Erfolg des eigenen Unternehmens liefern will. Die Pyramide besteht aus einer Folge von logisch miteinander verknüpften Fragen und Antworten, die in Form von Kennzahlen gekleidet sind. Hierbei wird wie beim DuPont-System unterstellt, dass ein hoher Rückfluss auf das investierte Kapital (ROI) als ein Hauptindiz für ein erfolgreiches Management angesehen werden kann.

Die erste Frage auf der obersten Stufe der Pyramide lautet entsprechend: Was ist der Beurteilungsmassstab für ein erfolgreiches Management?

$$\text{Die Antwort, ROI} = \frac{\text{Gewinn}}{\text{investiertes Kapital}}$$

bildet die Primärkennzahl. Stellt eine Unternehmung fest, dass ihre Primärkennzahl im Verhältnis zu anderen Firmen zu niedrig liegt, wird sie weiter nach den Gründen für diese Abweichung fragen; dies ist dann eine Frage auf der zweithöchsten Stufe der Pyramide.

Zwei Antworten sind möglich:

1. Andere Firmen haben einen höheren Kapitalumschlag (Umsatz zu investiertem Kapital) erzielt.

2. Andere Firmen haben eine höhere Umsatzrentabilität (Gewinn zu Umsatz) erzielt.

Zwischen den einzelnen Kennzahlen der Pyramide besteht nicht nur ein sachlogischer Zusammenhang, sondern auch eine mathematische Verknüpfung.» [9]

«Zusammenfassend kann festgehalten werden, dass die Pyramid Structure of Ratios in erster Linie auf den zwischenbetrieblichen Vergleich abstellt. Die damit verbundene Analyse der eigenen Unternehmung mit Hilfe eines Kennzahlensystems, das das Ergebnis eines logisch aufgebauten Frage- und Antwortspiels darstellt, bildet jedoch auch ein hervorragendes Mittel zur innerbetrieblichen Leistungs- und Erfolgskontrolle.» [10]

9 Staehle, W., a. a. O., S. 225
10 Staehle, W., a. a. O., S. 226

4. Das ZVEI-System

In Deutschland ist das vom Zentralverband der Elektrotechnischen Industrie e. V. Frankfurt/Main entwickelte ZVEI-System das bekannteste und verbreitetste Kennzahlensystem. Die Auswahl und Definition der logisch miteinander in Verbindung gebrachten Kennzahlen (insgesamt 60 Hauptkennzahlen und über 70 Hilfskennzahlen) sind jedoch branchenneutral gewählt, so dass eine Übertragung auf andere Wirtschaftszweige möglich ist.

Das ZVEI-System hat folgende Struktur: (s. Abb. 14). [11]

Das ZVEI-System erlaubt eine Wachstums-Analyse, die einen Überblick über wichtige Erfolgsindikatoren im Vergleich zur Vorperiode gibt, und eine Strukturanalyse, die, ausgehend von der Spitzen-Kennzahl «Eigenkapitalrentabilität», die Unternehmungseffizienz in vier Sektoren mit Hilfe von Ertragskraft- und Risiko-Kennzahlen untersucht.

«Das ZVEI-Kennzahlensystem erscheint auf den ersten Blick lediglich als eine Verfeinerung und Konkretisierung des DuPont-Systems; durch die Einbeziehung einer gesonderten Wachstums-Analyse und die Abgrenzung vier sachlogisch gebildeter Kennzahlen-Gruppen (Sektoren) zur Analyse der Haupteinflussgrössen und betrieblichen Wirkungszusammenhänge ist mit diesem Kennzahlensystem eine beachtliche Weiterentwicklung erzielt worden.» [12]

Als Schwäche des ZVEI-Systems wird die Tatsache gewertet, dass die Informationen zur Ermittlung der Kennzahlen vielfach nur dem internen Rechnungswesen zu entnehmen sind, was eine vollständige Anwendung des ZVEI-Systems durch einen externen Analytiker verunmöglicht. Die Anwendung des ZVEI-Systems bleibt damit allein unternehmungsinternen Zwecken vorbehalten. [13]

11 Aus ZVEI Kennzahlensystem, 3. Aufl., Frankfurt 1976, S. 118
12 Staehle, W., a. a. O., S. 227
13 Vgl. Küting, K., Kennzahlensysteme in der betrieblichen Praxis, in: Wirtschaftswissenschaftliches Studium, H. 6, Juni 1983, S. 292

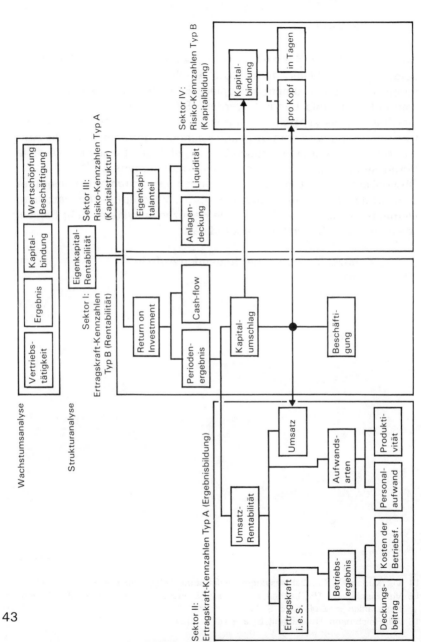

Abbildung 14: ZVEI-Kennzahlensystem

5. Das RL-System

Das von Reichmann/Lachnit entwickelte sogenannte Rentabilitäts-Liquiditäts-Kennzahlensystem (kurz RL-System) ist als unternehmungsinternes Instrument konzipiert. Es kann zur Lenkung des Gesamtunternehmens benutzt werden. Erfolg und Liquidität werden gleichrangig als zentrale Kenngrössen des Steuerungssystems betrachtet. Damit wird dem Umstand Rechnung getragen, dass die Aufrechterhaltung der jederzeitigen Zahlungsfähigkeit eine unerlässliche Voraussetzung für den Bestand jedes Unternehmens ist. [14]
Obwohl in diesem RL-Konzept die Kennzahlen systematisch geordnet sind, wird bewusst auf die mathematische Verknüpfung der einzelnen Elemente verzichtet, weil derartige Kennzahlensysteme sehr flexibel seien und einen hohen Freiheitsgrad hätten. [15]

Das RL-Kennzahlensystem hat folgenden Aufbau: [16]

14 Vgl. Küting, K., Kennzahlensysteme in der betrieblichen Praxis, a. a. O., S. 294 ff.
15 Vgl. Reichmann, Th., Lachnit, L., Planung, Steuerung und Kontrolle mit Hilfe von Kennzahlen, in: ZfbF 1976, S. 710
16 Aus Reichmann, Th., Lachnit, L., a. a. O., S. 712 f.

45

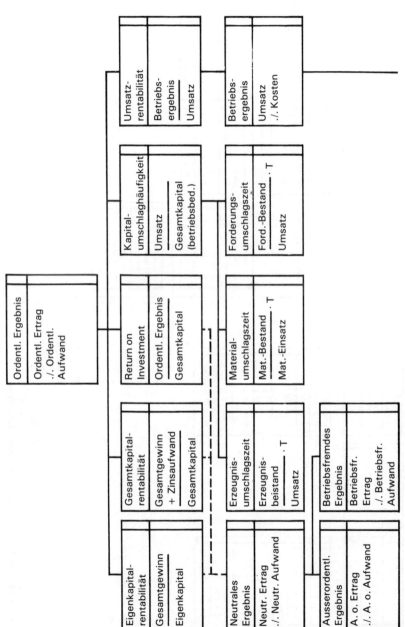

Abbildung 15: RL – Kennzahlensystem – Allgemeiner Teil I

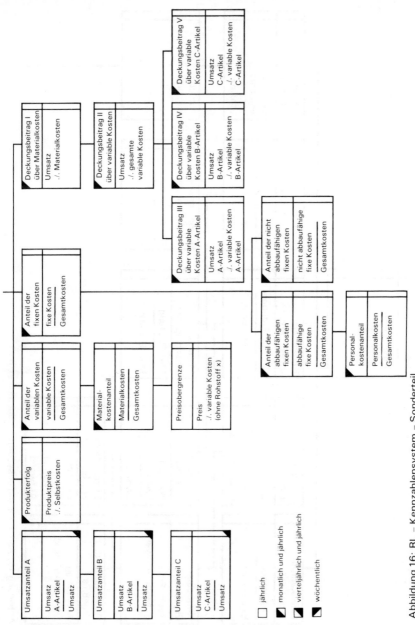

Abbildung 16: RL – Kennzahlensystem – Sonderteil

46

47

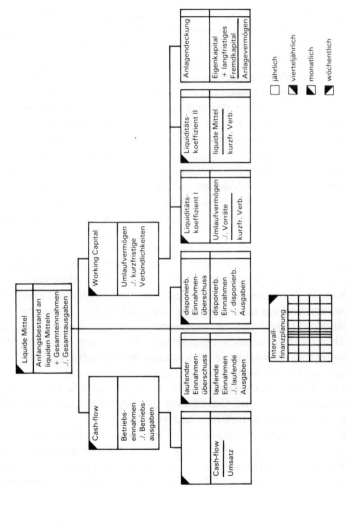

Abbildung 17: RL – Kennzahlensystem – Allgemeiner Teil II

6. Zusammenfassung

Von den verschiedenen soeben besprochenen Kennzahlensystemen hat das DuPont-System die grösste praktische Bedeutung. Die übrigen Systeme sind vor allem in der Literatur zu finden. Obwohl auch bei ihnen die Rentabilitätsermittlung in der Regel im Mittelpunkt steht, haben sie in der Praxis kaum Eingang gefunden.

Die weite Verbreitung des DuPont-Systems mag erstaunen, geht dessen Ursprung doch auf eine ganz andere wirtschaftliche Zeit, nämlich auf den Beginn dieses Jahrhunderts, zurück, als man noch mehr als heute auf ein derart dominierendes Ziel, eben die Kapitalrentabilität, eingeschworen war. Die weite Verbreitung und grosse Bedeutung dieses Kennzahlensystems namentlich in den USA können erklärt werden mit der dort noch immer herrschenden kurzfristigen, erwerbsorientierten Denkweise, die sich auszeichnet durch eine Bindung an äusserlich Messbares, eben beispielsweise die Kennzahl «Return on Investment». Dazu kommt, dass den Aktionären in den USA ein viel grösseres Gewicht zugemessen wird, als dies in Europa der Fall ist. «The objective of maximizing the shareholder's wealth»[17] steht in den USA eindeutig im Vordergrund.

Auch wenn die Verhältnisse in den USA mit jenen in Europa nicht zu vergleichen sind, gehört es auch bei uns zum allgemeinen Verständnis, die Kapitalrentabilität (Gesamt- und Eigenkapitalrentabilität) zu messen und als Massstab wirtschaftlichen Erfolges zu benutzen. Das hängt einmal mit der Notwendigkeit der Kapitalverzinsung einschliesslich Dividendenauszahlung zusammen. Ausserdem ist eine genügende Rentabilität in unserem Wirtschaftssystem eine Voraussetzung für die Weiterexistenz der Unternehmung.

Dass die Kapitalrentabilität aber die wichtigste Grösse für eine erfolgreiche Lenkung und Gestaltung der Unternehmung darstellt, ist aus verschiedenen Gründen zu bezweifeln.

Wir gehen zunächst davon aus, dass der im offiziellen Jahresbericht ausgewiesene Gewinn infolge unterschiedlicher Abgrenzungs- und Bewertungsverfahren meist «gesteuert» und damit wenig aussagekräftig ist. Das hängt nicht zuletzt mit der Absicht zusammen, nur so

---

17 Van Horne, J., Financial Management and Policy, 5. Aufl., Englewood Cliffs 1980, S. 6

viel an Gewinn auszuweisen, wie man den Aktionären an Dividenden auszuschütten bereit ist. Gewiss spielt dabei der Schutz der Unternehmung eine wichtige Rolle. Aber die auf der Basis des offiziell ausgewiesenen Gewinns berechnete Kapitalrentabilität gibt keine «objektive» Masszahl über die tatsächliche Rentabilität. Für die Unternehmungsleitung ist es aber selbstverständlich, der Rentabilitätsrechnung den tatsächlich erwirtschafteten Gewinn vor Bildung bzw. Auflösung von stillen Reserven zugrunde zu legen.

Aber auch die Kenntnis des «wahren» Gewinnes bzw. der «wahren» Rentabilität genügt nicht, um die Existenz der Unternehmung zu garantieren. Vor allem in der älteren Literatur wurde dem Gewinn oft die Funktion der Existenzsicherung zugewiesen. Die Ermittlung des Gewinns ist aber vor allem für seine Verteilung von Bedeutung, denn ein erheblicher Teil des Gewinns fliesst aus der Unternehmung ab und entzieht so der Unternehmung geldwertmässige Substanz.

Die Problematik einer einseitigen und überzogenen Gewinnorientierung liegt darin, dass andere, ebenso wichtige Ziele übersehen oder vernachlässigt werden (z. B. Marktanteile, Kapazitätsauslastung, Umsatz, Kostensenkung, Sicherheit, Unabhängigkeit, die, je nach Grundstrategie der Unternehmung, zu den wichtigsten strategischen Zielvorstellungen zählen), was sich verhängnisvoll auswirken kann.

Eine extreme Ausrichtung auf eine kurzfristige Gewinnmaximierung und eine damit oft verbundene Vernachlässigung der längerfristigen Sicherung der Überlebensfähigkeit der Unternehmung ist – wie erwähnt – vor allem in den USA anzutreffen. Das kommt daher, dass die Aktionäre den Erfolg der Führungskräfte vor allem an der Höhe der kurzfristig erzielten Gewinne messen. Um seine Arbeitsplätze zu sichern, ist das Management angewiesen, sich auf diese Grösse zu konzentrieren.

Wer aber die langfristige Erhaltung der Unternehmung im Auge hat, darf die Unternehmung nicht mit einer kurzfristigen Optik führen. Es geht also darum, eine oberste Zielgrösse mit Kompetenz zur Existenzsicherung zu finden. Diesem Anspruch vermag unserer Meinung nach, in erster Linie der Cash-flow zu genügen.

Die Aussagekraft dieser Zielgrösse und damit ihre Bedeutung für die Unternehmungssicherung ist vielfältig. Sie bildet die Möglichkeit der Selbstfinanzierung und damit der Substanzerhaltung ab, zeigt also

49 auf, ob die selbsterarbeiteten Mittel ausreichen, um den Fortbestand

der Unternehmung aus eigener Kraft zu sichern. Auch mögliche Schwierigkeiten bei der Sicherung der Liquidität sowie bei der Deckung des zukünftigen Finanzbedarfes (potentielle Liquidität) werden frühzeitig signalisiert.
Auf kürzere Sicht sind Selbstfinanzierung und Substanzerhaltung bereits dann gewährleistet, wenn der Cash-flow in seiner Höhe den Abschreibungen entspricht, also kein Gewinn erzielt worden ist.
Der Cash-flow ist unserer Ansicht nach deshalb die zweckmässigste Ausgangsgrösse einer Existenzsicherungs-Kennzahlen-Hierarchie, weil er [18]

1. eine hohe Wirksamkeit für die Steuerung aller Aktivitäten in einer Unternehmung gewährleistet,

2. ein adäquates Spiegelbild derjenigen Intentionen ist, die mit einer Unternehmungssteuerung verfolgt werden,

3. in realistischer Weise diejenigen Zielinhalte zum Ausdruck bringt, die die massgeblichen Unternehmungsträger verfolgen.

Als Konsequenz daraus folgt, dass ein Kennzahlensystem, das als Spitzenkennzahl eine Cash-flow-Grösse aufweist, zu entwickeln ist, welches den drei oben genannten Bestimmungsfaktoren Rechnung trägt.
Der wesentliche Vorteil eines Kennzahlen-Systems, das vom Cash-flow ausgeht, besteht darin, dass es auf die Verwendung der Kapitalrentabilität als Schlüsselgrösse verzichtet. Daraus darf allerdings nicht geschlossen werden, dass wir auf die Berechnung der Kapitalrentabilität grundsätzlich verzichten. Die Ermittlung der Kapitalrentabilitäten hat trotz der geäusserten Bedenken ihren Sinn und ihre Berechtigung. Ihre Funktion besteht aber darin, den Aktionären und anderen Kapitalgebern die Entscheidung über ihr zukünftiges Verhalten gegenüber der Unternehmung zu erleichtern. Ausserdem kann die Rentabilität für den Vergleich zwischen den Kapitalkosten (einschliesslich Gewinnverwendung: Dividende, Einlage in den Wohlfahrtsfonds, Tantième, gewinnabhängige Boni usw.) und der Gesamtkapitalrentabilität sowie für die Beurteilung der Eigenkapitalrentabili-

18 Diese Bestimmungsgrössen finden sich bei Berthel, J., Zielorientierte Unternehmungssteuerung, Stuttgart 1973, S. 103

tät im Vergleich zu den Eigenkapitalkosten (Gewinnverwendung) benutzt werden. Der Vergleich zwischen der Gesamtkapitalrentabilität und den gesamten Kapitalkosten ermöglicht auch Überlegungen bezüglich der Wahl der Finanzierungsstruktur (Verhältnis zwischen Eigen- und Fremdkapital gleich Leverage-Effekt), bei der optimale Kapitalkosten vorliegen. Damit kann ein Beitrag zur Verbesserung der Eigenkapitalrentabilität erzielt werden.

Die grosse Bedeutung, welche demnach sowohl der Kapitalrentabilität als auch einer Cash-flow-Grösse, hier der Umsatzrentabilität, zukommt, rechtfertigt also kein «Entweder-Oder», sondern nur ein Nebeneinander der beiden Kennzahlen. Das von uns im folgenden darzustellende auf der Umsatzrentabilität basierende Kennzahlensystem ist demnach nicht als Ersatz des DuPont-Systems, sondern als gleichwertige Ergänzung zu verstehen.

Abbildung 18 bringt dies deutlich zum Vorschein.

In unserem Kennzahlensystem werden neben der Umsatzrentabilität noch zwei weitere Gruppen von Zielgrössen dargestellt: Ertragskennzahlen sowie der Umsatz. Auf den Umsatz und die dazugehörigen Kennzahlen soll hier nicht eingegangen werden.

Im Zusammenhang mit den Ertragszielen ist die Deckungsspanne, das Verhältnis von Deckungsbeitrag für Innovation und Netto-Umsatz, als die Ertrags-Steuerungsgrösse des operativen Vollzugs zu verstehen. Damit kommt dieser Zielgrösse eine grundsätzliche Schlüsselfunktion für die kurzfristige gewinnorientierte Lenkung der operativen Vorgänge zu. Unerlässlich ist allerdings, dass die Deckungsspanne nicht nur für die Gesamtunternehmung, sondern für jedes strategische Geschäftsfeld ermittelt wird. Eine derartige Differenzierung ist für die operative Ertragslenkung unzweifelhaft notwendig. Ein weiterer wichtiger Aspekt des Deckungsbeitrages für Innovation als Summe (absolute Kennzahl), dem ebenfalls besondere Aufmerksamkeit zu schenken ist, bezieht sich auf den Mittelbedarf für Forschungs- und Entwicklungsaufwendungen sowie den Cash-flow. Forschungs- und Entwicklungskosten und der Cash-flow bilden zusammen den innovativen Teil der kurzfristigen Erfolgsrechnung. Es handelt sich hier um die innovativen Vorsteuerungsgrössen für den zukünftigen Erfolg der Unternehmung. Der Deckungsbeitrag steht somit zur Finanzierung der Forschungs- und Entwicklungskosten sowie der Investitionen in Sach- und Umlaufvermögen zur Verfügung. [19] Aus dem Gesagten folgt, dass für die Interpretation des Deckungsbeitrages eine differenzierte Betrachtung notwendig ist. In der ersten Stufe stellt sich die Frage, wieviel vom Deckungsbeitrag je Geschäftsfeld und insgesamt für Forschungs- und Entwicklungsaufwendungen in Anspruch genommen wird. [20] Als Grundsatz gilt, dass der Deckungsbeitrag die Entwicklungskosten des betreffenden Geschäftsfeldes zumindest selber deckt. Darüber hinaus sollte natürlich jedes Geschäftsfeld noch einen entsprechenden Cash-flow ermöglichen. Damit fallen bereits auf der ersten Stufe wichtige Erkenntnisse an. Die rechnerische Behandlung dieser Stufe ergibt den prozentualen Anteil der F&E-Kosten je Geschäftsfeld im Vergleich zum betreffenden Netto-Umsatz. Hieraus werden die unterschiedlichen prozentualen Anteile (vertikal) sowie die Verteilung der finanziellen Ressourcen auf die Geschäftseinheiten (horizontal) deutlich. Im Zusammenhang mit der Portfolio-Analyse und mit strategischen Planungsüberlegungen stellt sich als letzte Konsequenz daraus die Frage, ob die finanzielle Ressourcen-Verteilung für Produktinnovationen chancengerecht erfolgt oder nicht.

In der zweiten Stufe folgt schliesslich die Ermittlung des Cash-flows. Hieraus erhält man die Umsatzrendite je Geschäftseinheit und insgesamt. Damit sind auch diese Kennzahlen als strategische Steuerungsgrössen zu verstehen, deren Funktion darin besteht, die zukünftige Förderungswürdigkeit der einzelnen Geschäftseinheiten zu erkennen.

---

19 Die Verwendung des gesamten Netto-Cash-flows für Investitionen ist selbstverständlich nur dann möglich, wenn keine Kapitalrückzahlungen gemacht und keine Liquiditätsreserven gebildet werden müssen.

20 Für die Zuteilung der Forschungs- und Entwicklungskosten auf die strategischen Geschäftsfelder vergleiche: Siegwart, H. und Kloss, U., Erfassung und Verrechnung von Forschungs- und Entwicklungskosten, Bern 1984

53

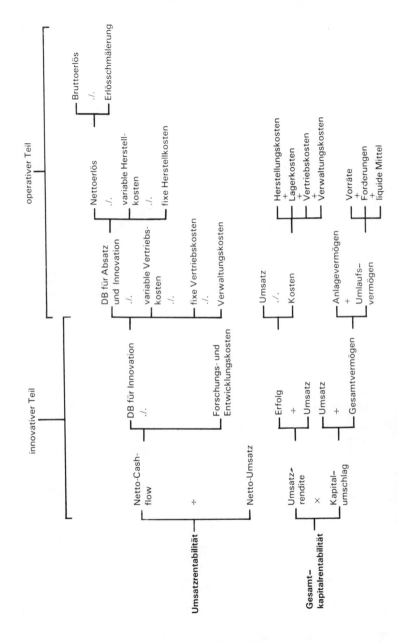

Abbildung 18: Integriertes Kennzahlensystem

III. Kennzahlen in der Praxis

Die Notwendigkeit der praktischen Kennzahlenforschung wurde von Antoine [1] bereits 1958 erkannt. Bis heute beschränkt sich die Literatur aber weitgehend auf die theoretische Ableitung und Formulierung von Kennzahlen. Diese Entwicklung hatte zur Folge, dass eine kaum mehr überblickbare Menge von Kennzahlen gebildet worden ist. So hat zum Beispiel Grünefeld allein für den Personalbereich Hunderte von möglichen Kennzahlen zusammengestellt. [2] Es überrascht daher nicht, dass immer wieder die Frage gestellt wird, welche Kennzahlen für die Führung massgebend sind. Eine Antwort ist nicht leicht zu geben, «da objektive Kriterien für die Auswahl der wichtigsten Kennzahlen nicht erkennbar sind . . .» [3]. Das ist verständlich, wenn man an die branchenspezifischen Unterschiede, die unternehmungsindividuellen Gegebenheiten, die persönlichen Interessen sowie Charakter und Ausbildung der Führungskräfte denkt. Sodann sind die unterschiedlichen hierarchischen Ausrichtungen der Kennzahlen als qualitative Führungsgrössen zu berücksichtigen. Während für die oberste Leitung wenige globale Kennzahlen mit vorwiegend strategischem Aussagewert, wie zum Beispiel Gewinn, Cash-flow, Umsatzwachstum, Marktanteil und Produktivität, genügen, sind für die nachgeordneten Managementebenen bereichsspezifische und detailliertere Kennzahlen mit vorwiegend operativer Bedeutung wichtiger.

Im folgenden befassen wir uns in erster Linie mit allgemeingültigen Kennzahlen für die oberste Führung, d. h. für Verwaltungsrat und Geschäftsleitung. Damit ist bereits gesagt, dass es sich um Kennzahlen handeln muss, die für die Lenkung der gesamten Unternehmung von entscheidender Bedeutung sind. Sodann werden Kennzahlen für die Lenkung und Gestaltung der einzelnen Organisationseinheiten (Funktionsbereiche, Abteilungen) besprochen. Selbstverständlich

---

1 Vgl. Antoine, a. a. O., S. 166 f.
2 Vgl. Grünefeld, H.-G., Personalkennzahlensystem. Planung, Kontrolle, Analyse von Personalaufwand und -daten, Wiesbaden 1981
3 Eckardstein von, D., Kennzahlen im Personalbereich, in: Wirtschaftswissenschaftliches Studium, H. 9, September 1982, S. 424

können auch untere Hierarchiestufen für die Leitung kleinerer Organisationseinheiten Kennzahlen bilden. Ihre Wahl ist aber derart spezifisch und individuell, dass es zu weit führen würde, im Detail solche möglichen Kennzahlen zu erörtern. Erwähnt sei, dass gerade auf unteren Hierarchiestufen oft zu viele Kennzahlen ermittelt werden. Damit werden untere Kader sehr oft überfordert. Es ist wichtig, diesen Führungskräften eine überschaubare Anzahl Kennzahlen vorzugeben, bei denen es sich primär um absolute, leicht verständliche Grössen handeln soll.

Strukturell ist es möglich, zwischen unternehmungsbezogenen und bereichs- bzw. abteilungsbezogenen Kennzahlen zu unterscheiden. Während die unternehmungsbezogenen Kennzahlen vorwiegend auf einer Auswertung der Jahresrechnungen, unter Umständen auch auf Zwischenabschlüssen, beruhen, fussen die abteilungsbezogenen Kennzahlen eher auf dem internen Rechnungswesen und auf besonderen statistischen Vorarbeiten.

Wir schliessen uns dieser Gliederung nicht ohne Bedenken an, denn eine exakte Abgrenzung ist deshalb nicht möglich, weil in einer funktional organisierten Geschäftsleitung Kennzahlen über Umsatzwachstum, Marktanteile usw., nicht nur für den verantwortlichen Marketingleiter von Bedeutung sind, sondern für die gesamte Geschäftleitung. Folglich ist die Gliederung eher unter einem funktionalen, denn unter einem hierarchischen Aspekt zu betrachten.

Schliesslich ist zu erwähnen, dass Kennzahlen ihre volle Bedeutung dann erlangen, wenn auch Aussagen über die angemessene, anzustrebende oder optimale Höhe gemacht werden. Erst derartige richtungsweisende Angaben erlauben eine genauere Auseinandersetzung mit den eigenen Werten. Wegen branchen- und unternehmungsspezifischen Gegebenheiten brachten verschiedene diesbezügliche Veröffentlichungen zwar einige wertvolle Erkenntnisse, führten aber nicht über das Aufzeigen von ein paar groben Faustregeln hinaus. Wir werden deshalb vor allem auf die Aussagefähigkeit von Kennzahlen unter Einbeziehung der Konsequenzen eingehen. Mittels der durch die Kennzahlen aufgedeckten Zusammenhänge sind eine ganze Reihe von generellen Aussagen möglich.

Das Ziel dieses Kapitels besteht darin, vor dem Hintergrund dieser Unterteilungen die für die Praxis wesentlichen Kennzahlen aufzuzeigen, auf ihre Bedeutung einzugehen und damit aus der Fülle der in der Literatur vorgestellten Kennzahlen eine Auswahl zu treffen.

1. Unternehmungsbezogene Kennzahlen

Unternehmungsbezogene Kennzahlen sind unentbehrliche Informationen für die Wahrung der unternehmerischen Gesamtverantwortung. Der herausragende Stellenwert dieser Kennzahlen wurzelt im Wesen der grundsätzlichen Managementaufgabe, für Sicherheit, Kontinuität und Substanzerhaltung zu sorgen. Es handelt sich hierbei um finanzwirtschaftliche Kennzahlen, deren Grundlage Bilanz, Gewinn- und Verlustrechnung sowie Budgets sind.

1.1 Auf den Jahresabschluss bezogene Kennzahlen

1.11 Finanzcontrolling

Zur finanzwirtschaftlichen Analyse bedient sich die oberste Führung primär folgender Kennzahlen:

a) Verschuldungsgrad

Formel: $\dfrac{\text{Fremdkapital} \times 100}{\text{Gesamtkapital}}$

Beurteilung:

- Es gibt keine generelle Regel für ein angemessenes Verhältnis von Fremdkapital und Gesamtkapital.[4] Die Festlegung des anzustrebenden Finanzierungsverhältnisses erfolgt im finanzwirtschaftlichen Unternehmungskonzept[5] und ist damit von Unternehmung zu Unternehmung verschieden.

- Zur Beurteilung dieses Verhältnisses bedient man sich häufig auch des sogenannten Verschuldungskoeffizienten (EK : FK). Ging man früher von der «Gleichheitsregel» 1 : 1 aus, hat sich das Verhältnis in den letzten Jahrzehnten zu ungunsten der Eigenkapitalquote entwickelt. Der Verschuldungsgrad dürfte in den USA und der Schweiz im Durchschnitt von 30 bis 40 Prozent auf 50 bis 60 Pro-

---

4 Vgl. Hunziker, A., Scheerer, F., a. a. O., S. 389
5 Vgl. Ulrich, H., a. a. O., S. 123 ff.

zent gestiegen sein und in der Bundesrepublik Deutschland und in Japan gar von 60 bis 70 Prozent auf rund 80 Prozent. Es sind somit eine zunehmende Unternehmungsverschuldung und eine geschwächte Selbstfinanzierung bzw. Eigenkapitalaufbringung festzustellen. [6]

- Der hohe Verschuldungsgrad in der Bundesrepublik Deutschland und in Japan hat seinen Grund primär in der engen Zusammenarbeit und Verflechtung von Banken und Industrie. Banken besitzen sehr oft namhafte Beteiligungen an Industriegesellschaften. Mit der Möglichkeit zur direkten Einflussnahme auf die Unternehmungen steigt auch die Bereitschaft zur Kreditvergabe.
  In den USA ist die Beteiligung von Banken an Industrieunternehmungen gesetzwidrig.

- Die Festlegung des maximalen Verschuldungsgrades ist Ausdruck der finanziellen Risikobereitschaft des Managements. Das Risiko ist vor allem dadurch gekennzeichnet, dass auch in ertragsschwachen Jahren Zins- und Tilgungsleistungen erbracht werden müssen, während Ausschüttungen beim Eigenkapital zumindest vorübergehend unterbleiben können. [7]

- Die Höhe des Verschuldungsgrades wird auch mit dem sogenannten Leverage-Effekt in Beziehung gebracht. Darunter versteht man die Relation zwischen Verschuldungsgrad und Rendite des Eigenkapitals.

Formel: $r_{EK} = r + \dfrac{FK}{EK} \times (r - p)$

da Gewinn $= r \times EK + (r - p) \times FK$

Dabei bedeuten:

r_{EK} = Eigenkapitalrendite

r = Gesamtkapitalrentabilität

p = Fremdkapitalzins

6 Vgl. Helbling, C., Bilanz- und Erfolgsanalyse, 5. Aufl., Bern und Stuttgart 1986, S. 158
7 Vgl. Steiner, M., Formeln und Kennzahlen der betrieblichen Finanzwirtschaft, in: Wirtschaftswissenschaftliches Studium, H. 10, Oktober 1982, S. 474

Aus der Formel wird ersichtlich, dass bei gegebener Gesamtkapitalrentabilität mit steigendem Verschuldungsgrad die Eigenkapitalrendite zunimmt, solange die Gesamtkapitalrentabilität über dem Fremdkapitalzins liegt, also r > p gilt. Die renditesteigernde Wirkung der Verschuldung wird als Leverage-Chance bezeichnet. Wird dagegen r < p, was durch ein Sinken der Gesamtkapitalrentabilität oder ein Steigen der Fremdkapitalzinsen bewirkt werden kann, so fällt die Eigenkapitalrendite unter die Gesamtkapitalrendite und das sogenannte Leverage-Risiko wird wirksam, das sich um so stärker auswirkt, je höher der Verschuldungsgrad ist. Daraus lässt sich ableiten, dass die Anforderungen an die Eigenkapitalquote mit steigendem leistungswirtschaftlichem Risiko zunehmen. [8]

- Bei der Beurteilung des Verschuldungsgrades sind auch steuerliche Überlegungen anzustellen. Im Unterschied zu Ausschüttungen auf dem Eigenkapital gelten Fremdkapitalzinsen nämlich als Aufwand. Sie führen damit zu einer Verminderung des steuerbaren Gewinns.

- Besonders in Zeiten der Inflation kann der Einsatz von Fremdkapital sehr vorteilhaft sein. Der Grund dafür liegt darin, dass die Inflation zu einer Minderung der Zinsenlast, oftmals sogar zu einer negativen Realverzinsung des aufgenommenen Fremdkapitals führt.

- Der Vergleich des maximal möglichen Verschuldungsgrades mit dem aktuellen Verschuldungsgrad ist Ausdruck des zusätzlichen Kreditpotentials. Je geringer der Verschuldungsgrad, desto grösser ist die Möglichkeit zusätzliche Fremdkapitalien aufzubringen.

- Bei der Beurteilung des Verschuldungsgrades dürfen nicht ausschliesslich betriebswirtschaftliche Überlegungen angestellt werden. Eine aus betriebswirtschaftlicher Sicht gerechtfertigte Erhöhung des Verschuldungsgrades kann sich aus Imagegründen als nicht opportun erweisen.

- Der Aussagewert dieser Kennzahl kann durch eine Aufteilung des Fremdkapitals nach der Fristigkeit wesentlich erhöht werden. Auch eine Aufteilung des Fremdkapitals in operationelle und finanzielle Schulden trägt zu einer Erhöhung der Aussagekraft bei.

8 Vgl. Steiner, M., a. a. O., S. 474

- In der Praxis wird oft bei der Ermittlung des Verschuldungsgrades das nicht-verzinsliche Fremdkapital nicht einbezogen.

- Die sinnvolle Festlegung eines anzustrebenden Verschuldungsgrades kann letztlich nur im Zusammenhang mit einer Würdigung der Vermögensstruktur erfolgen.[9] Der Aussagewert von Kennzahlen, welche sich nur auf die vertikale Bilanzstruktur beziehen, ist beschränkt.

b) Eigenfinanzierungsgrad

$$Formel: \quad \frac{Eigenkapital \times 100}{Gesamtkapital}$$

Beurteilung:

- Der Eigenfinanzierungsgrad bildet die komplementäre Grösse zum Verschuldungsgrad. Die bei der Beurteilung des Verschuldungsgrades gemachten Aussagen können sinngemäss auch auf den Eigenfinanzierungsgrad angewendet werden.

- Die Höhe des Eigenfinanzierungsgrades ist ein Indiz für die Fähigkeit der Unternehmung, Verluste aufzufangen, ohne die Rückzahlung von Fremdkapital grundsätzlich zu gefährden (Eigenkapital als Risikoträger).[10] Sie beeinflusst damit die Bereitschaft der Gläubiger zu zusätzlicher Kreditgewährung.

- Die Unabhängigkeit einer Unternehmung lässt sich nur über einen genügenden Eigenfinanzierungsgrad gewährleisten. Ein zu tiefer Eigenfinanzierungsgrad, wie er oftmals bei kleineren Unternehmungen anzutreffen ist, die keinen Zugang zu den Kapitalmärkten haben, kann zur Einflussnahme von Gläubigern, insbesondere Banken, auf die Unternehmungspolitik führen.

- Wie die jüngste Vergangenheit gezeigt hat, kann auch ein hoher Eigenfinanzierungsgrad eine Gefahr für die Unabhängigkeit der Unternehmung darstellen. Genau gleich wie eine grosse Liquiditätsre-

---

9 Vgl. Hunziker, A., Scheerer, F., a. a. O., S. 389
10 Vgl. Oehler, O., Checklist Frühwarnsystem mit Alarmkennziffern, München 1980, S. 38

serve erhöht auch ein hoher Eigenfinanzierungsgrad die Übernahmegefahr.

- Die Höhe des als angemessen erachteten Eigenfinanzierungsgrades hängt sehr stark von der Branche und dem nationalen Hintergrund ab.[11]

- Tendenz: Je höher die leistungswirtschaftlichen Risiken, um so höher der angemessene Eigenfinanzierungsgrad.

- Die Ermittlung des Eigenfinanzierungsgrades ergibt nur dann ein aussagefähiges Bild, wenn beim Eigenkapital alle stillen Reserven einbezogen werden.

c) Deckungsverhältnisse

Formeln:[12]

Deckungsgrad A: $\dfrac{\text{Eigenkapital} \times 100}{\text{Anlagevermögen}}$

Deckungsgrad B: $\dfrac{(\text{Eigenkapital} + \text{langfristiges Fremdkapital}) \times 100}{\text{Anlagevermögen}}$

Beurteilung:

- Die Ermittlung von Deckungsverhältnissen bringt eine Verknüpfung von Aktiven und Passiven. Solche Relationen sind damit wesentlich aussagekräftiger als Kennzahlen, welche sich auf die vertikale Bilanzstruktur beziehen (vgl. Verschuldungsgrad bzw. Eigenfinanzierungsgrad).

- Deckungsverhältnisse sind statische Grössen und besitzen deshalb nur eine beschränkte Aussagekraft.

- Mit der Ermittlung des Deckungsgrades A soll überprüft werden, ob die Risikokongruenz gewährleistet ist, ob also das Anlagevermögen mit risikotragendem Kapital finanziert ist.

---

11 Vgl. Hunziker, A., Scheerer, F., a. a. O., S. 388 f.
12 Vgl. Boemle, M., Unternehmungsfinanzierung, 6. Aufl., Zürich 1983, S. 83

- Der Deckungsgrad B dient der Überwachung der Fristenkongruenz. Es soll damit überprüft werden, ob dem Anlagevermögen auf der Passivseite der Bilanz ein in der Höhe entsprechender Betrag an langfristig zur Verfügung stehenden Mitteln gegenübersteht.

- In einer Produktionsunternehmung werden in der Praxis ein Deckungsgrad A von etwa 90 bis 120 Prozent und ein Deckungsgrad B von etwa 120 bis 160 Prozent in der Regel als «normal» bezeichnet. Abweichungen sind näher zu analysieren. [13]

- Sollen die ermittelten Deckungsverhältnisse aussagekräftig sein, müssen sowohl beim Anlagevermögen wie beim Eigenkapital die stillen Reserven berücksichtigt werden. Im weiteren muss das nicht-betriebsnotwendige Anlagevermögen aus der Berechnung ausgeschieden werden.

- Die Tatsache, dass auch gewisse Teile des Umlaufvermögens langfristig gebunden sind, veranlasste beispielsweise Boemle[14], einen dritten Deckungsgrad zu definieren, bei dem er zum Anlagevermögen noch die eisernen Bestände addiert. Die Problematik dieses sogenannten «Deckungsgrades des gebundenen Vermögens» besteht in der exakten Ermittlung dieser eisernen Bestände.

- Die Möglichkeit der Beschaffung und Finanzierung von Anlagen mittels Leasing führt zu einer Beeinträchtigung der Vergleichbarkeit von Deckungsgraden. Geleaste Anlagen erscheinen nicht im Anlagevermögen und kommen damit in den ermittelten Deckungsgraden nicht zum Ausdruck. Ein Vergleich zwischen verschiedenen Unternehmungen wird damit erschwert.

d) Liquiditätsgrade

Formeln:

Liquidität 1. Stufe:
(Kassa- oder Barliquidität, absolute liquidity ratio)

$$\frac{\text{Zahlungsmittel} \times 100}{\text{kurzfristiges Fremdkapital}}$$

---

13 Vgl. Helbling, C., a. a. O., S. 158
14 Vgl. Boemle, M., a. a. O., S. 83; vgl. dazu auch Helbling, C., a. a. O., S. 158 f.

Liquidität 2. Stufe: (quick ratio, Liquidität 1. Grades)	$\dfrac{(\text{Zahlungsmittel} + \text{Forderungen}) \times 100}{\text{kurzfristiges Fremdkapital}}$
Liquidität 3. Stufe: (current ratio, Liquidität 2. Grades)	$\dfrac{\text{Umlaufvermögen} \times 100}{\text{kurzfristiges Fremdkapital}}$

Beurteilung:

- Die Fähigkeit alle fälligen Zahlungsverpflichtungen zur Zeit erfüllen zu können, ist eine unabdingbare Voraussetzung für die Erhaltung der Unternehmung.

- Für Banken und andere Finanzgeber sind Liquiditätskennzahlen von grösster Bedeutung.
  In den Unternehmungen spielen sie nur eine untergeordnete Rolle.
  Im Vordergrund steht in den Unternehmungen eindeutig die Verwirklichung eines effizienten Cash Managements.

- Für die Beurteilung der Höhe der Liquiditätskennzahlen ist eine klare und eindeutige Abgrenzung des Begriffes «kurzfristiges Fremdkapital» unerlässlich.

- Die Zahlungsmittel enthalten Barmittel aus Kasse, Postcheck- und Bankguthaben. Man spricht hier auch von einem Geldfonds. Der der Liquiditätsstufe 1 zugrunde gelegte Mindestfondsbestand sollte sich etwa in der Grössenordnung von 10 bis 30 Prozent bewegen. In der Praxis geht man auch davon aus, dass der Mindestbestand an liquiden Mitteln etwa vier bis sechs Monatslöhne abdekken sollte.

- Zum Geldfonds werden oft von den Banken zugesagte, aber (noch) nicht ausgenützte Bankkredite hinzugerechnet. Sinnvoll erscheinen solche Angaben nur dann, wenn die zusätzlichen Bankkredite zur Tilgung anderer kurzfristiger Verbindlichkeiten verwendet werden (z. B. zur Zahlung von Kreditoren) oder wenn die Unternehmung ein so gutes Rating besitzt, dass ihre Liquidität auch ohne flüssige Mittel gesichert ist. In die Kennzahl Liquidität 1. Stufe sollten die nicht benutzten Kredite nicht einbezogen werden.

- Da eine ausschliessliche Berücksichtigung der Zahlungsmittel für die Beurteilung der Liquidität wenig aussagekräftig ist, legt die Praxis in der Regel das Schwergewicht auf die Liquidität 2. Stufe und die Liquidität 3. Stufe.

- Die Literatur fordert für die Liquidität 2. Stufe meist ein Verhältnis von 1:1, für die Liquidität 3. Stufe ein solches von 2:1.[15] Diese Verhältniswerte sind aber nur als grobe Faustregeln zu verstehen; unter Würdigung der spezifischen Situation weicht die Praxis oftmals erheblich von diesen Werten ab.

- Auch die Liquiditätskennzahlen sind statische Grössen. Die Liquidität muss aber zu jedem Zeitpunkt gewährleistet sein, nicht nur im Augenblick des Jahresabschlusses. Die Liquidität stellt eine jederzeit zu erfüllende Minimalanforderung dar. Sie ist Voraussetzung für unternehmerisches Handeln überhaupt![16]

- Die Ermittlung von Liquiditätskennzahlen stellt keinen Ersatz für die Erstellung eines Zahlungsbereitschaftsbudgets dar, da sie, wie wir bereits festgestellt haben, im Unterschied zum Zahlungsbereitschaftsbudget statische Grössen darstellen.
Die Aufstellung dieses Budgets erfordert eine genaue Analyse der tatsächlichen Zahlungseingänge. Bei der Liquiditätsbetrachtung anhand des Jahresabschlusses sind die Fälligkeiten der Forderungen nicht ersichtlich. Auch Aussagen über die Absatzfähigkeit von Fertiglagerbeständen zu den Bilanzwerten lassen sich nicht ohne weiteres machen.
Dazu kommt, dass sich ein Minimum an Debitoren und Lagerbeständen («eiserne» Bestände) sowieso der Überführung in liquide Mittel entzieht. Die dadurch bedingte Ungleichheit zwischen wirtschaftlichen und rechtlichen Fristen lässt sich aus der Bilanz nicht entnehmen.

- «Die Liquidität bezieht sich auf die Unternehmung als Einheit, es gibt nur eine einzige unteilbare Liquidität, keine partiellen Liquiditäten.»[17]

15 Vgl. Perridon, L., Steiner, M., Finanzwirtschaft der Unternehmung, 7. Aufl., München 1984, S. 299: Man spricht hier von der sogenannten «Banker's Rule».
16 Vgl. Oehler, O., a. a. O., S. 33
17 Sturm, R., a. a. O., S. 132

– Bei der Festlegung der Mindestliquidität in einer Unternehmung muss bedacht werden, dass die in liquider Form gehaltenen Vermögensteile Opportunitätskosten (Nutzenentgang) verursachen. Um diesen Nachteil zu vermeiden, müssen die liquiden Mittel, die über das Minimum hinausgehen, ertragsbringend eingesetzt werden. Gerade ertragsstarke Unternehmungen verfügen oft über beträchtliche liquide Mittel. Durch eine geschickte und erfolgreiche Anlagepolitik können der Unternehmung spürbare Zusatzgewinne zugeführt werden.

e) Netto-Umlaufvermögen

Das Netto-Umlaufvermögen (Net Working Capital) kann ebenfalls für die Beurteilung der Liquidität herangezogen werden. Für die Liquiditätsbeurteilung ist dieses Vorgehen sogar sinnvoller, weil die bereits erwähnte langfristige Bindung von finanziellen Mitteln in Mindestbeständen an Forderungen und Vorräten berücksichtigt wird. Was nicht innerhalb eines Jahres liquidierbar ist, muss vom bilanziellen Umlaufvermögen abgezogen werden.

Formel: Netto-Umlaufvermögen: Umlaufvermögen [18] (kurzfristig realisierbare Aktiven)

./.

kurzfristiges Fremdkapital

Beurteilung:

– Der Begriff des «Net Working Capital» stammt aus der amerikanischen Finanzanalyse.

– Eine positive Saldogrösse gibt zu erkennen, wieviel Umlaufvermögen durch langfristiges Fremdkapital oder Eigenkapital gedeckt wird. Umgekehrt formuliert, entspricht das Net Working Capital «jenem Teil des Eigenkapitals zuzüglich der langfristigen Verbindlichkeiten, die nicht im Anlagevermögen investiert sind» [19]. Im

---

18 Soweit innerhalb eines Jahres liquidierbar, vgl. Steiner, M., a. a. O., S. 472
19 Helbling, C., a. a. O., S. 166

Grundsatz wird bei dieser Situation die «goldene» Finanzierungsregel verletzt, weil die Fristenkongruenz zwischen Kapitalbindungsdauer und Vermögensbindungsdauer nicht mehr gewährleistet ist. Andererseits gilt es aber zu bedenken, dass das Netto-Umlaufvermögen auch als Potential langfristiger Finanzierungsmöglichkeiten angesehen werden kann, indem es Ausdruck einer stabilen Finanzierung ist und damit in der Regel die Bereitschaft der Banken zu zusätzlicher Kreditvergabe sichert.

- «Über die Frage, um wieviel das Umlaufvermögen höher zu sein hat als die kurzfristigen Verbindlichkeiten, herrscht keine Einhelligkeit.» [20] Jedenfalls würde das verfügbare Netto-Umlaufvermögen – nach Abzug der erforderlichen Liquiditätsreserve – eine vorzeitige Rückzahlung von langfristigen Verbindlichkeiten erlauben. Hierbei spielt allerdings das Verhältnis zwischen Aktiv- und Passivzinsen eine sehr wichtige Rolle. Wenn es gelingt, höhere Aktivzinsen zu erwirtschaften, dann wird man wohl auf eine vorzeitige Tilgung von Schulden verzichten. Im weiteren gilt es auch hier zu bedenken, dass die Rückzahlung von Fremdkapital zu einer Erhöhung der Übernahmegefahr führt.

- Die Ermittlung des Netto-Umlaufvermögens erweist sich als alternative Fassung des mit dem Deckungsgrad B ausgedrückten Verhältnisses. [21]

- Wird eine Kapitalflussrechnung in Form einer Fondsrechnung durchgeführt, so wird als Fonds sehr oft das Netto-Umlaufvermögen gewählt.

f) Lagerbestand

Nicht nur für die Warenhandelsbetriebe, sondern auch für die Industriebetriebe ist die Umschlagshäufigkeit bzw. Durchlaufgeschwindigkeit der Lagerbestände wichtig. Besonders deutlich werden die Zusammenhänge zwischen Umsatz und Bestand, wenn die Mengen in die Formel eingesetzt werden. Das ist selten möglich, so dass Wer-

20 Buchner, R., Grundzüge der Finanzanalyse, München 1981, S. 116
21 Vgl. Sturm, R., a. a. O., S. 145

te als Bezugsgrössen verwendet werden müssen. Dann ist aber zu beachten, «dass nur gleiche Wertbasen verglichen werden können: also Umsatz und Bestand je zu Verkaufspreisen, je zu Selbst- oder Herstellkosten oder je zu den reinen Einstandspreisen der Waren – also nicht Umsatz zu Verkaufspreisen und Vorräte zu Einstandspreisen» [22].

Formel: Umschlagskoeffizient: $\dfrac{\text{Umsatz}}{\text{Lagerbestand}}$

Neben dem Umschlagskoeffizienten kommt in der Praxis auch der Lagerreichweite grosse Bedeutung zu. Die anzustrebende optimale Lagerreichweite ist weitgehend von der Wiederbeschaffungszeit der zu lagernden Stoffe abhängig.

Formel: Lagerreichweite: $\dfrac{\text{Lagerbestand} \times 360}{\text{Planverbrauch pro Jahr}}$

Beurteilung:

– Nicht nur die Fertigwarenlager, sondern auch Halbfabrikate-, Zwischenfabrikate- und Rohmateriallager müssen überwacht werden.

– Die Festlegung der erforderlichen Mindestlagerbestände sowie der maximalen Lager erfolgt im Rahmen des leistungswirtschaftlichen Unternehmungskonzeptes. [23]

– Bei der Beurteilung der Höhe der Lagerbestände darf nicht von einer allgemeingültigen Norm ausgegangen werden. Immer sind die konkreten Gegebenheiten, wie zum Beispiel übliche Bestellmengen, Wiederbeschaffungszeit und Marktpreise, in die Betrachtung einzubeziehen.

– Die Bedeutung, welche der Überwachung der Lager zukommt, ergibt sich aus der mit der Lagerhaltung verbundenen Kapitalbindung und den Finanzierungskosten. Eine hohe Lagerhaltung mit starker Kapitalbindung stellt auch eine Liquiditätsbelastung dar. Auf der anderen Seite ergibt sich aber die Notwendigkeit einer minimalen

22 Helbling, C., a. a. O., S. 171
23 Vgl. Ulrich, H., a. a. O., S. 108 ff.

Lagerhaltung auf allen Stufen aus der Aufgabe der Lagerhaltung, einen reibungslosen Produktions- und Absatzprozess sicherzustellen.

- Im allgemeinen sind die Lagerbestände in Industriebetrieben zu hoch. Daher sind besondere Anstrengungen erforderlich, um die Bestände zu reduzieren. Tendenziell besteht die Gefahr, dass die Lagerbestände ständig zunehmen; daher ist von seiten der Leitung ein permanenter Druck auf die Lagerverwaltungen auszuüben.
So ist zum Beispiel die Wertbetrachtung durch eine ABC-Analyse zu ergänzen. Damit besitzt man eine Möglichkeit, durch eine effektive Bewirtschaftung der teuren Rohstoffe, Zwischen- und Fertigprodukte eine Reduktion der Lagerwerte zu erreichen.
Neben der Wertbetrachtung ist eine Mengenbetrachtung erforderlich. Dazu eignet sich der Versorgungsprozess nach dem «just-in-time»-Prinzip von problemlos zu beschaffenden Rohstoffen und Zwischenprodukten besonders gut, da auf diese Weise erhebliche Einsparungsmöglichkeiten erzielt werden können. Auch die Anwendung flexibler Fertigungssysteme führt nicht nur zu einer Erhöhung der Durchlaufgeschwindigkeit und zu einem Abbau an «Ware in Arbeit», sondern auch zu einer Reduktion von Mindestlagerbeständen.

- Die Entwicklung des Fertigwarenbestandes ist ein ausgezeichneter Indikator eines Frühwarnsystems. Er zeigt Tendenzen an, welche sich erst mit zeitlicher Verzögerung auf das Unternehmungsergebnis auswirken.

- Die Verantwortung für die Höhe der Lagerbestände ist klar zu regeln, so dass es in konkreten Situationen zu keiner «Suche nach dem Schuldigen» kommen muss.
Bei den Fertiglagerbeständen ist zum Beispiel bereits im voraus festzulegen, für welche Bestände der Vertrieb und für welche die Fertigung verantwortlich ist.

g) Debitorenbestand

Die Höhe des Debitorenbestandes wird grundsätzlich durch den Umsatz und durch die Zahlungsfrist bestimmt. Daher ist zu prüfen, ob die   68 effektive Kreditfrist mit den Zahlungsbedingungen der Unternehmung im Einklang steht oder nicht. Liegt die effektive Kreditfrist über den Vorstellungen der Unternehmungsleitung, so sind weitere Analysen der Debitoren in bezug auf periodische und saisonale Schwankungen, Relevanz, Gefährdung und Altersstruktur vorzunehmen. Neben diesen von Fall zu Fall durchzuführenden Analysen, stellt die Überwachung der Grosskunden eine Daueraufgabe dar.

Formel: Kreditfrist in Tagen:
$$\frac{\text{Debitorenbestand} \times 360}{\text{Jahres-Umsatz}}$$

Beurteilung:

− Die für den Lagerbestand vorgenommene Beurteilung gilt sinngemäss auch für den Debitorenbestand.
Auch hier steht das Ziel einer Optimierung der Kapitalbindung im Vordergrund.

− Im Unterschied zur Bewirtschaftung der Lager ist aber bei den Debitoren der Handlungsspielraum eines Unternehmens beschränkt. Die Zahlungsfristen sind nur wenig beeinflussbar, sie richten sich meist nach der Branchenusanz. Im weiteren kann das Zahlungsverhalten der Debitoren nur indirekt beeinflusst werden.

− Einen grossen Einfluss auf die Effizienz des Inkasso- und Mahnwesens hat die tagfertige Fakturierung, der an die Lieferung anschliessende Rechnungsversand und die zeitgerechte Mahnung der Aussenstände.

− In Phasen stagnierender oder rückläufiger Wirtschaftsentwicklung kommt einer Bewirtschaftung der Debitoren eine besondere Bedeutung zu. Hier muss ein Anwachsen des Debitorenbestandes so weit wie möglich verhindert werden, ohne aber dadurch die Stammkundschaft zu verärgern.

− Für die Kreditgewährung ist eine klare Kompetenzregelung vorzunehmen. Auf diese Weise soll sichergestellt werden, dass die Kredite mit Sorgfalt geprüft und mit Vorsicht gewährt werden.

1.12 Ergebniscontrolling

a) Gewinn

Der Gewinn ist eine Restgrösse. Er ist für sich allein betrachtet wenig aussagekräftig. Die absolute Grösse des Gewinns erlangt erst dann Aussagekraft, wenn sie zu anderen Grössen in Beziehung gesetzt wird ($\rightarrow$ Rentabilitäten) oder wenn der Frage der Entstehung oder Verwendung des Gewinns nachgegangen wird.
Im weiteren hängt die Aussagekraft des Gewinns auch von dem ihm zugrunde gelegten Gewinnbegriff sowie der konkreten Ermittlung dieser Grösse ab. Speziell von Bedeutung ist der Wertansatz für die Abschreibungen.

b) Rentabilitäten

Formeln:

Eigenkapitalrentabilität:
$$\frac{\text{Reingewinn x 100}}{\text{Eigenkapital}}$$

Gesamtkapitalrentabilität:

$$\frac{(\text{Reingewinn} + \text{Zinsen auf langfristigem Fremdkapital}) \text{ x } 100}{\text{Gesamtkapital}}$$

Beurteilung:

– An der Spitze praktisch aller Kennzahlensysteme steht eine Rentabilitätskennzahl.

– Die ermittelten Rentabilitäten sind nur dann aussagekräftig, wenn den Berechnungen eine gläserne Bilanz zugrunde gelegt wird, wenn also alle Reserven aufgedeckt werden, oder wenn zumindest immer die gleichen Bewertungsgrundsätze ($\rightarrow$ Kontinuität) zur Anwendung kommen.

– In der Regel beziehen sich die ermittelten Rentabilitäten auf Werte nach Steuern. Die Steuern werden damit als Aufwand betrachtet und vom Gewinn abgezogen.

- «Unterliegt der Kapitaleinsatz während der Rechnungsperiode Veränderungen, so ist ein Durchschnittswert des gebundenen Kapitals zu verwenden. Vereinfachend wird vorgeschlagen, einen Kapitaleinsatz in Höhe des arithmetischen Mittels aus Periodenanfangs- und -endbestand des Kapitaleinsatzes zugrunde zu legen.» [24]

- Bei den Rentabilitäten werden in der Praxis sowohl Branchen- wie Mehrjahresvergleiche vorgenommen. Die Bedeutung von Mehrjahresvergleichen, d. h. Trenduntersuchungen durch Ist-Ist-Vergleiche, darf dabei nicht unterschätzt werden!

- Die Frage, ob die Eigen- oder die Gesamtkapitalrentabilität aussagekräftiger ist, lässt sich nicht generell beantworten. Die Beantwortung dieser Frage hängt weitgehend vom konkreten Verwendungszweck der Kennzahlen ab.

- Soll die Kennzahl für Überlegungen im Zusammenhang mit dem Trading on the Equity und der Ausnützung des Leverage-Effektes verwendet werden, so kann nur die Gesamtkapitalrentabilität verbindliche Aufschlüsse geben. Ausgangspunkt für die Beurteilung der Frage, ob der Fremdkapitalanteil verändert werden sollte, bildet dabei ein Vergleich des Fremdkapitalzinssatzes mit der Gesamtkapitalrentabilität. (Vgl. die Ausführungen zum Verschuldungsgrad.)

- Ist dagegen die Frage zu beantworten, ob die Unternehmung eine befriedigende Verzinsung des Aktienkapitals sicherstellen kann, wird man sich der Eigenkapitalrentabilität bedienen.

c) Cash-flow

Der Cash-flow ist der eigentliche Gradmesser für die Beurteilung der Finanz- und Ertragskraft einer Unternehmung. Wie wir im folgenden Kapitel IV noch ausführlich begründen werden, ist der Cash-flow als unternehmungspolitische Leitgrösse gegenüber den vorerwähnten Rentabilitätskennzahlen bei weitem vorzuziehen. Das hängt vor allem mit der funktionalen Beziehung zwischen Cash-flow einerseits und

24 Buchner, R., a. a. O., S. 21

der Liquidität (Sicherheit), der Selbstfinanzierung (Substanzerhaltung) und dem Gewinn (Ausschüttung) zusammen. Die Höhe des Cash-flows zeigt an, ob beabsichtigte Investitionen mit selbsterarbeiteten Mitteln finanziert, Schulden getilgt, Gewinne ausgeschüttet und Liquiditätsreserven geäufnet werden können.
Für die Beurteilung der Cash-flow-Grösse braucht man unbedingt die Kapitalflussrechnung, weil nur in dieser Rechnung die Fähigkeit zur Deckung der finanzwirtschaftlichen Bedürfnisse sichtbar wird. Auf diese Rechnung soll hier aber nicht eingegangen werden. Wir wollen uns auf die in Frage kommenden Cash-flow-Kennzahlen konzentrieren. Hierbei spielt die absolute Grösse im Soll-Ist-Vergleich und im Zeitvergleich eine wichtige Rolle. Im Rahmen der relativen Beurteilung wird der Blick in erster Linie auf das Verhältnis von Cash-flow und Umsatz gerichtet.

Umsatzrentabilität

Formel: Umsatzrentabilität: $\dfrac{\text{Cash-flow} \times 100}{\text{Umsatz}}$

Beurteilung:

- In der Praxis wird die Umsatzrentabilität sehr oft ermittelt. Dabei wird meist vom Verhältnis zwischen Reingewinn und Umsatz ausgegangen. Eine derart definierte Umsatzrentabilität ist aber wenig aussagekräftig und rein statistischer Natur. [25]

- Eine Umsatzrentabilität kann sinnvollerweise nur als Verhältnis zwischen Cash-flow und Umsatz definiert werden. Die Mittel, welche durch die Leistungserstellung per Saldo verfügbar sind, werden der gesamten Leistungserstellung, dem Umsatz, gegenübergestellt.

- Von Belang ist der Branchenvergleich und der Vergleich mit den wichtigsten Konkurrenten.

---

25 Vgl. Weber, H. K., Rentabilität, Produktivität, Liquidität der Unternehmung, Stuttgart 1983, S. 40

Verschuldungsfaktor [26]

Formel: Verschuldungsfaktor: $$\frac{\text{Gesamte Verbindlichkeiten}}{\text{Cash-flow}}$$

Beurteilung:

- Beim Verschuldungsfaktor handelt es sich um eine dynamische Kennzahl. Aus der Relation der Verschuldung zur Ertragskraft kann das angemessene Verhältnis zwischen Eigen- und Fremdfinanzierung besser beurteilt werden als aufgrund des statischen Verhältnisses zwischen Fremdkapital und Eigenkapital.

- Der Verschuldungsfaktor gibt an, wievielmal der letzte Jahres-Cash-flow erarbeitet werden müsste, bis sämtliche Schulden getilgt wären. Dabei wird vorausgesetzt, dass keine Dividende ausgeschüttet wird und keine Ersatzinvestitionen vorgenommen werden sowie in der Zukunft der Cash-flow in der bisherigen Grössenordnung anfällt.

- Es handelt sich also beim Verschuldungsfaktor nicht um eine realisierbare Schuldentilgungsgrösse. Der Ermittlung des Verschuldungsfaktors liegt der Liquidationsgedanke zugrunde. Damit wird deutlich, dass der Verschuldungsfaktor ähnlich wie die Liquiditätskennzahlen primär für die Banken von Interesse ist.

- Der Verschuldungsfaktor ist besonders gut geeignet, um sich anbahnende Unternehmungskrisen rechtzeitig zu erkennen.

Funds Position [27]

Formel: Funds Position: Cash-flow
./.
langfristige Investitionen

26 Vgl. Boemle, M., a. a. O., S. 96 ff.
27 Vgl. Boemle, M., a. a. O., S. 99 f.

Beurteilung:

-- Die Funds Position gibt an, ob die Unternehmung zur Erhaltung und Erweiterung ihres Produktionsapparates aus eigener Kraft genügend Mittel erarbeiten konnte, oder ob sie dazu Kapital aufnehmen musste.

- Als Alternative zur oben definierten Differenz, könnten der Cashflow und die langfristigen Investitionen auch in einer Division zueinander in Beziehung gesetzt werden.

1.2 Monatlich zu ermittelnde Kennzahlen

a) Umsatz

Der Monatsumsatz kann wert- oder mengenmässig ermittelt und nach geographischen Gesichtspunkten, Kunden- oder Produktgruppen oder Distributionskanälen aufgegliedert werden. Derartige Gliederungen können Ausgangspunkt für weitergehende Analysen sein, wie z. B. Deckungsbeitragsanalysen nach Marktsegmenten, ABC-Analysen für Sortimentsbereinigungen und Vertriebskostenuntersuchungen. Die Beurteilung der Höhe des Umsatzes lässt sich am besten mittels eines Zeitvergleichs vornehmen.

b) Offertbestand

Der Offertbestand ist ein Frühindikator. Durch Vergleich des Offertbestandes in einem bestimmten Monat mit dem für diesen Monat über die Jahre hinweg errechneten Mittelwert, lassen sich Trendentwicklungen frühzeitig erkennen. Damit wird es möglich, sich rechtzeitig auf sich abzeichnende Entwicklungen einzustellen oder diesen nötigenfalls entgegenzuwirken.

c) Auftragseingang und Auftragsbestandesreichweite

Die monatliche Ermittlung des Auftragseingangs und der Auftragsbestandesreichweite ist wesentlich für die Beurteilung der Beschäftigungsentwicklung. Oft wird der Auftragseingang zum Umsatz ins Verhältnis gesetzt. Diese sogenannte Auftragseingangsquote stellt eine Alarmkennzahl dar. Wenn sie ihren kritischen Wert, den Quotienten = 1, unterschreitet, ist unverzügliches Handeln erforderlich.[28] Aperiodisch hereinkommende Grossaufträge können zu grossen Schwankungen des Auftragseingangs und der Auftragsbestandesreichweite führen.

d) Budgetgrössen

Für die Vornahme zielgerichteter Dispositionen in einer Unternehmung, ist die Festlegung von Budgetgrössen unerlässlich. Unentbehrlich sind Budgets für die Ermittlung von Abweichungen und für Hochschätzungen. Bei Gefährdung der Budgetziele ist den Gründen nachzugehen, sind zweckmässige Korrekturmassnahmen zu prüfen, diesbezügliche Entscheide zu fällen und durchzusetzen.

2. Kennzahlen für die Unternehmungsbereiche

2.1 Kennzahlen im Marketing

a) Marktgrössen und Marktanteil

Die Kenntnis der Marktgrössen und des eigenen Marktanteils ist für den zielgerichteten Einsatz der Marketinginstrumente unerlässlich. Mit Hilfe des Jahresvergleichs ist zu ermitteln, ob die Unternehmung Marktanteile hinzugewonnen oder verloren hat. Ebenfalls sorgfältig zu verfolgen ist die Situation der wichtigsten Konkurrenten.

b) Deckungsbeitrag

Werden in einer kurzfristigen Erfolgsrechnung die Kosten nach Funktionsbereichen gesondert in Abzug gebracht, so zeigt der als letzter

28 Vgl. Oehler, O., a. a. O., S. 52

ermittelte Deckungsbeitrag den Handlungsspielraum für die Marketingabteilung auf. Nützlich ist auch die Berechnung des Mindestumsatzes ohne oder allenfalls mit geplantem Gewinn nach der Formel:

$$\text{Mindestumsatz} = \frac{\text{Fixe Kosten (plus ev. Gewinn)}}{\text{DB in \% des Umsatzes}}$$

Diese Formel bietet die Möglichkeit verschiedener Analysen: Ausmass der Produktivitätsverbesserung oder der Verkaufspreisanpassungen bei Rohstoffpreis- oder Lohnerhöhungen; Abbau von Fixkosten bei einem Konjunkturrückgang; Verschlechterung des Gewinnergebnisses usw.
Interessant ist diese Kennzahl auch im Vorjahresvergleich, der die Änderung des Nullpunktes bzw. Gewinnpunktes zeigt.

c) Umsatz pro Mitarbeiter (Vertreter)

Der Umsatz pro Mitarbeiter bzw. Vertreter ist ein beliebter Massstab für die Beurteilung der Effizienz des Mitarbeitereinsatzes. Dabei interessiert primär die Veränderung dieser Grösse im Zeitablauf. Man muss allerdings beachten, dass die Kennzahl nicht ausschliesslich ein Mass für den Einsatz und die Wirksamkeit des Mitarbeiters ist.

d) Erlösminderungen/Umsatz

Das Verhältnis von Erlösminderungen und Umsatz ist eine geeignete Grösse für die Beurteilung der Frage, ob es der Unternehmung gelingt, ihre Listenpreise am Markt durchzusetzen, oder ob die Vertreter die Produkte nur über Preiszugeständnisse absetzen können.

e) Fertiglagerbestände

Die Kenntnis der Höhe der Fertiglagerbestände ist sowohl für die oberste Leitung wie auch für die Leitung des Marketingbereiches von Bedeutung (vgl. III. 1.). Die Entwicklung des Fertiglagerbestandes ist ein Indikator für Stärken und Schwächen der gesamten Unterneh- 76

mung und im besonderen der Marketingabteilung als Bindeglied zwischen Unternehmung und Markt. Die Verantwortung für zu hohe Fertiglagerbestände muss aber nicht unbedingt bei der Marketingabteilung liegen. Es sind durchaus auch Fälle denkbar, wo die Fertigung für zu hohe Lager zur Rechenschaft gezogen werden kann.
Neben der Höhe der Fertiglagerbestände kommt auch der Altersanalyse grösste Bedeutung zu. Damit sollen Lagerhüter ausfindig gemacht und Massnahmen zu deren Veräusserung ergriffen werden.

f) Absatzstruktur

Die Kenntnis der Absatzstruktur, d. h. des Anteils der einzelnen Produktgruppen am Gesamtumsatz, ist wie die Kenntnis der Marktgrössen Voraussetzung für den zielgerichteten Einsatz der Marketinginstrumente (ABC-Analyse).

g) Lieferbereitschaft

Die Lieferbereitschaft bringt zum Ausdruck, inwieweit es der Unternehmung möglich ist, Bestellungen fristgerecht und richtig zu erledigen.
Aus Kostenüberlegungen kann es nicht das Ziel der Unternehmung sein, eine 100prozentige Lieferbereitschaft zu gewährleisten. Zu bedenken gilt es aber, dass nicht fristgerechte oder mangelhafte Lieferungen zur Verärgerung und Abwanderung von Kunden führen können. Bei der Festlegung der anzustrebenden Lieferbereitschaft müssen deshalb Kosten und Nutzen zueinander in Beziehung gesetzt werden.

2.2 Kennzahlen in der Produktion

Neben der Gestaltung differenzierter Produkte und neben dem Einsatz wirksamer Marketingstrategien, rückt die Wirtschaftlichkeit der Leistungserstellung als Wettbewerbswaffe immer stärker in den Vordergrund. Deshalb sind produktionswirtschaftliche Kennzahlen zu gebrauchen, welche den Erfolg des permanenten Bemühens um Ver-

77

besserung der Wirtschaftlichkeit bzw. der Produktivität ermitteln: Entwicklung der Kapazitätsnutzung bzw. Kapazitätsauslastung, der Durchlaufzeiten, der Bestände und der wesentlichen Kostenarten.

a) Wirtschaftlichkeit

Die Wirtschaftlichkeit wird ausgedrückt durch das Verhältnis von Ertrag und Aufwand. Eine Verbesserung der Wirtschaftlichkeit liegt vor, wenn die Herstellkosten je Leistungseinheit oder je Zeiteinheit geringer sind als jene der Vorperioden.
Die Wirtschaftlichkeit wird von einer Vielzahl von Faktoren beeinflusst: von der Ausnutzung und Auslastung der Betriebsmittel, vom Preis, der Güte und Struktur der Produktionsfaktoren, von den Fertigungsverfahren, von der Konstruktion der Produkte, von der Fertigungsvorbereitung, Fertigungsplanung, Fertigungsdurchführung, den Qualitätsanforderungen, der Wartung und Instandhaltung.

b) Produktivität

«Die Produktivität ist das Mass für den Wirkungsgrad der eingesetzten Produktionsfaktoren.» [29] Die Messung der Produktivität ist je nach den betrieblichen Gegebenheiten verschieden. Sie kann nur selten durch Mengenverhältnisse (Output: Input) zum Ausdruck gebracht werden, obschon die Mengenrechnung die einzig «wahre» Form der Produktivitätsmessung ist. [30] Da im Normalfall nicht vergleichbare und damit addierbare Mengen hergestellt werden, gebraucht man Werte, die indessen um die Preisniveauveränderungen zu bereinigen sind:

Formel: Gesamtproduktivität: $\dfrac{\text{Gesamtleistung real}^{[31]}}{\text{Gesamtkosten real}}$

29 Reichwald, R. und Mrosek, D., Produktionswirtschaft, in: Industriebetriebslehre, Entscheidungen im Industriebetrieb, Heinen, E. (Hrsg.), 7. Aufl., Wiesbaden 1983, S. 375
30 Die Praxis fasst den Begriff der Produktivität weiter als die Theorie. Für die Theorie stellt jedes auf der Basis von Wertgrössen ermittelte Input-Outputverhältnis grundsätzlich eine Wirtschaftlichkeitskennzahl dar.
31 Stückzahlen x Verrechnungspreise oder Gesamtkosten real der laufenden Periode: Gesamtkosten real der Vorperiode.

Zu Analysezwecken wird die Gesamtproduktivität häufig in wichtige Teilproduktivitäten aufgelöst, zum Beispiel:

$$\text{Personalkostenproduktivität: } \frac{\text{Gesamtleistung real}}{\text{Personalkosten real}}$$

oder Materialkostenproduktivität und Kapitalkostenproduktivität. Man kann also die Ausbringungsmenge eines bestimmten Produktes zur Einsatzmenge nur eines Faktors in Beziehung setzen. Hierbei muss man allerdings beachten, dass eine Veränderung der Output-menge nicht zwingend vom betrachteten Produktionsfaktor ausgeht. «So kann etwa eine Verbesserung der Ausbringung pro Arbeitsstunde darauf zurückzuführen sein, dass bei gleichbleibender Arbeitsleistung eine verbesserte Fertigungstechnik eingesetzt worden ist.» [32] Die Betrachtung der Arbeitsproduktivität erlaubt beispielsweise folgende Schlüsse: Erhöhte sich die Arbeitsproduktivität in den letzten Jahren um durchschnittlich 5 Prozent, werden bei einer Leistungssteigerung von 5 Prozent keine zusätzlichen Mitarbeiter benötigt. Bei null Prozent realer Leistungssteigerung werden im Planungszeitraum 5 Prozent Mitarbeiter weniger benötigt. Unter Berücksichtigung der Veränderung der Arbeitsproduktivität und der Leistungssteigerung werden in der Praxis den Abteilungen meist klare Vorgaben bezüglich der Anzahl der Arbeitsplätze gemacht.

c) Kapazität

Einen wesentlichen Beitrag zur Kostensenkung und zur fertigungstechnischen Flexibilität leisten moderne Produktionsmittel. Diese sind aber sehr kapitalintensiv und führen nicht nur zu einer Veränderung in der Fertigungsorganisation, sondern auch zu einer Verschiebung in der Kostenstruktur. Als Folge der stark steigenden Fixkosten kommt einer optimalen Kapazitätsauslastung erste Priorität zu. Die Stückkostendegression ist in erster Linie eine Funktion der Kapazitätsnutzung, d. h. des Verhältnisses zwischen nutzbarer und genutzter Kapazität. Unter nutzbarer Kapazität ist die Fertigung «rund um die Uhr und rund um das Jahr» zu verstehen. Mit dieser eher unge-

32 Reichwald, R. und Mrosek, D., a. a. O., S. 376

wöhnlichen Kennzahl lässt sich nicht nur die unbefriedigende Nutzung des möglichen Leistungsvermögens neuer technischer Betriebsmittel, sondern auch die Grenzen der Kostenwirtschaftlichkeit erkennen. Weitaus häufiger wird in der Praxis die Kennzahl über die Kapazitätsauslastung gebraucht: ausgelastete Kapazität/auslastbare Kapazität. Auch wenn man die Betrachtung auf die Kapazitätsauslastung beschränkt, ist mit Nachdruck den Gründen und den kostenwirtschaftlichen Konsequenzen einer ungenügenden Auslastung nachzugehen.

2.3 Kennzahlen im Personalwesen

Die personalwirtschaftlichen Kennzahlen gehören zum Informationssystem der Personalführung, das funktional das gesamte Personalwesen der Unternehmung steuert und kontrolliert. Menschliche Verhaltensweisen, die relative Starrheit der Personalkosten und deren permanente Erhöhungen verlangen dauernde analytische Beobachtungen der personalwirtschaftlichen Verhältnisse. Im Vordergrund steht in der Regel die Arbeitsproduktivität, d. h. die Frage des effizienten Einsatzes dieses wertschaffenden Einsatzfaktors.
Die Darstellung dieser Kennzahl geschieht im allgemeinen im Produktionsbereich. Von Interesse ist aber auch die Anzahl der Mitarbeiter, der Personalaufwand im Verhältnis zum Umsatz sowie die Ausfallstunden.

Folgende weitere Kennzahlen sind in der Praxis relevant:

a) Altersstruktur

Der Altersaufbau der Belegschaft ist vor allem von Interesse für die Prüfung der Frage, welche Vorkehrungen zur rechtzeitigen Nachwuchssicherung getroffen werden müssen.[33] Im weiteren bildet die Kenntnis der Altersstruktur auch eine Grundlage für die Ausbildungsplanung.

---

33 Vgl. Eckardstein von, D., a. a. O., S. 424

b) Fluktuation

Diese Kennzahl reflektiert das Betriebsklima. Bei der Berechnung dürfen jedoch nur die Veränderungen berücksichtigt werden, bei denen ausscheidende Mitarbeiter durch neu eintretende ersetzt werden. Der Einbezug von Veränderungen in der Anzahl der Arbeitsplätze würde das Bild verfälschen.

Die Fluktuationsrate ermöglicht aber nicht nur eine Aussage über das Betriebsklima, sie ermöglicht, wie Oehler[34] feststellt, auch eine Schätzung der in einer Unternehmung anfallenden Fluktuationskosten. Jede Suche und Auswahl von Mitarbeitern verursacht meist erhebliche Kosten. Daneben wirkt sich die Fluktuation auch «negativ auf die Kapazitätsausnutzung aus, weil bei jeder Neueinstellung von Arbeitskräften Anlern- und Einarbeitungszeiten mit niedrigen Leistungsgraden anfallen»[35].

c) Leistungsgrad

Diese Kennzahl drückt das Verhältnis zwischen Normalleistung und persönlicher Leistung eines Mitarbeiters aus und ist ein wichtiges Mittel der individuellen Leistungskontrolle. Bei der Festlegung der Normalleistung ist der Lerneffekt zu berücksichtigen. Die Normalleistung bleibt damit nicht für alle Zeiten gleich hoch.

d) Durchschnittslohn

Sinnvoll ist hier vor allem ein Konkurrenzvergleich. Er zeigt die Attraktivität der Unternehmung für potentielle Mitarbeiter.

e) Soziallasten in Prozent der Lohnsumme

Die Kenntnis der Höhe der Soziallasten ist wesentlich für die Beurteilung von Fragen, wie beispielsweise Ersatz von Mitarbeitern durch zu-

---

34 Vgl. Oehler, O., a. a. O., S. 84
35 Kern, W., Die Messung industrieller Fertigungskapazitäten und ihrer Ausnutzung. Grundlagen und Verfahren, Köln und Opladen 1962, S. 47

sätzliche Maschinen, Beurteilung der Attraktivität von Standorten, Ausbau der freiwilligen betrieblichen Altersvorsorge usw.

2.4 Kennzahlen in der Forschung und Entwicklung

Die Formulierung von Kennzahlen für den Bereich der Forschung und Entwicklung gestaltet sich schwierig. Dies ist darauf zurückzuführen, dass die F&E-Aktivitäten einer zahlenmässigen Erfassung weniger zugänglich sind als andere Unternehmungsbereiche. Die Qualität des Arbeitsergebnisses ist vorrangig gegenüber quantitativen Grössen. Trotzdem muss ein angemessenes Verhältnis zwischen Aufwand und Nutzen bestehen. Dieser Grundsatz gilt um so mehr, als der Aufwand für F&E in den letzten Jahren sehr stark gewachsen und die Deckung von F&E-Kosten wegen des gestiegenen Wettbewerbs immer schwieriger geworden ist. Die Ressourcenzuteilung bedarf daher sorgfältige Selektion jener F&E-Aktivitäten, die einen wahrscheinlichen zukünftigen Markterfolg versprechen. [36]

Denkbar sind etwa folgende Kennzahlen:

a) Fertiggestellte Projekte/Begonnene Projekte

Diese Kennzahl ist ein Indikator für die Beurteilung der Zielgerichtetheit der F&E-Aktivitäten. Sie zeigt, ob die von der F&E-Abteilung begonnenen Projekte zu einem verwendbaren Ergebnis geführt werden oder ob die F&E-Abteilung nur immer wieder neue Aufgaben angeht, ohne zu konkreten Resultaten zu gelangen.

b) Innovationskraft

Zur Beurteilung der Innovationskraft einer Unternehmung werden die F&E-Aktivitäten nach Leistungsstunden aufgeteilt in solche für
– Neuentwicklung
– Weiterentwicklung
– Sortimentspflege

---

36 Vgl. Siegwart, H. und Kloss, U., a. a. O.

Langfristig sind die F&E-Aktivitäten, welche sich auf Neuentwicklungen konzentrieren, am besten geeignet, die Überlebensfähigkeit einer Unternehmung zu sichern.

c) F&E-Kosten pro Produkt bzw. SGF

Durch Verknüpfung der Ermittlung der F&E-Kosten pro Produkt bzw. strategisches Geschäftsfeld (SGF) mit Überlegungen zur Portfoliomatrix kann die Frage beantwortet werden, inwieweit sich die F&E-Anstrengungen einer Unternehmung auf die zukunftsträchtigen Produkte bzw. SGF konzentrieren.
Mit dieser Kennzahl kann also die strategische Ausrichtung der F&E-Aktivitäten überprüft werden.
Weitere Überlegungen im Rahmen von strategischen Entscheidungen ergeben sich, wenn je SGF die F&E-Kosten zum Netto-Umsatz in Beziehung gesetzt werden. Diese Kennzahlen zeigen horizontal und vertikal die Unterschiede der F&E-Aktivitäten je Geschäftsfeld. Gleichzeitig bilden sie die Grundlage für die Festlegung der zukünftigen Plangrössen für die gesamte Unternehmung und je SGF.

d) Altersstruktur des Umsatzes

Die Altersstruktur des Umsatzes gibt Aufschluss darüber, inwieweit es der Unternehmung gelingt, die durch die F&E geschaffenen Produkte in Markterfolge umzusetzen. Hier verdeutlicht sich die Notwendigkeit einer engen Zusammenarbeit von F&E und Marketing.
In gewissen Unternehmungen, so zum Beispiel bei 3M, werden den Spartenleitern in bezug auf die Altersstruktur des Umsatzes klare Vorgaben gemacht (z.B. mindestens zwei Drittel des Umsatzes soll mit Produkten erzielt werden, die seit weniger als fünf Jahren auf dem Markt sind).

2.5 Kennzahlen im Einkauf

Wie jeder andere Funktionsbereich sollte auch der Einkaufsbereich mittels Kennzahlen erfasst werden, denn der Einfluss des Einkaufs auf die Kostenwirtschaftlichkeit darf nicht übersehen werden. Im

Industriebetrieb werden die Werkstoffe im Durchschnitt zu teuer eingekauft. Aber auch die Effizienz im Einkauf wirkt sich auf die Kosten aus. Schliesslich sei noch auf die lagerwirtschaftlichen Ziele hingewiesen. Die Aufgabe des Einkaufes ist zwar die Sicherstellung der quantitativen und qualitativen Versorgung der Unternehmung mit Werkstoffen. Aber eine falsch verstandene Sicherheitspolitik verringert die Umschlagshäufigkeit der Bestände und führt damit zu einer unnötigen Kapitalbindung, zur Beeinträchtigung der Liquidität, zu einem zu hohen Zinsaufwand und zu Wertminderungen.

Die Lagerbestände sind daher so gering wie möglich zu halten (ABC-Analyse; just-in-time-Lieferungen). «Zu diesem Zwecke werden Struktur- und Beziehungskennzahlen herangezogen, um die Vorräte und ihre Bewegungen nach Vorratsarten, nach Vorratskostenbestandteilen und nach Reichweitengruppen zu analysieren, um Ansatzpunkte für dispositive Steuerungen zur erforderlichen Vorratsänderung zu erhalten.» [37]

Gegenstand von Kennzahlen können sein: [38]

a) Beschaffungskosten

$$\frac{\text{Beschaffungskosten } (+ \text{ ev. Lagerkosten}) \times 100}{\text{Einkaufsvolumen}}$$

b) Einkaufspreisveränderung
(der wichtigsten Werkstoffe)

$$\frac{(\text{Einkaufsmenge} \quad (\varnothing \text{ Einkaufspreis}}{\text{Berichtsjahr}) \quad \times \quad \text{Berichtsjahr}) \times 100}{(\text{Einkaufsmenge} \times (\varnothing \text{ Einkaufspreis}} \quad \text{Berichtsjahr}) \quad \text{Vorjahr})$$

37 Radke, M., Kennzahlen-Systematik und Kennzahlen-Handhabung, in: Handbuch Finanz- und Rechnungswesen, München 1982, S. 27
38 Vgl. Berg, C. C., Formeln und Kennzahlen der betrieblichen Beschaffung und Logistik, in: Wirtschaftswissenschaftliches Studium, H. 8, August 1982, S. 377

3. Praktische Ermittlung von Kennzahlen

Das Ziel dieses Abschnittes besteht darin, basierend auf dem Geschäftsbericht der Landis & Gyr Holding AG, ein Beispiel für die praktische Ermittlung von Kennzahlen zu geben.
Dabei beschränken wir uns bewusst auf die Berechnung der Kennzahlen; von einer Interpretation der gewonnenen Grössen sehen wir ab.
Eine weitere Einschränkung drängt sich in bezug auf die Art der zu berechnenden Kennzahlen auf: Da uns nur der Geschäftsbericht als Ausgangsmaterial dient, kann unsere Zusammenstellung nur solche Kennzahlen umfassen, welche sich aus öffentlich publizierten Grössen zusammensetzen. Es sind dies die im Abschnitt 1.1 dieses Kapitels behandelten, auf den Jahresabschluss bezogenen Kennzahlen.
In der folgenden Zusammenstellung werden für jede Kennzahl die Formel, die Herleitung des Kennzahlenwertes für 1986 sowie die Resultate für 1985 und 1984 aufgeführt. Alle Grössen sind in Millionen Franken angegeben.

Tabelle 5: Kennzahlen der Landis & Gyr Holding AG

Bezeichnung der Kennzahl	Formel	Berechnung 1986	Wert der Kennzahl		
			1986	1985	1984
Verschuldungsgrad	$\dfrac{\text{Fremdkapital} \times 100}{\text{Gesamtkapital}}$	$\dfrac{621{,}5 \times 100}{1741{,}2}$	35,69 %	38,20 %	38,31 %
Eigenfinanzierungsgrad	$\dfrac{\text{Eigenkapital} \times 100}{\text{Gesamtkapital}}$	$\dfrac{1119{,}7 \times 100}{1741{,}2}$	64,31 %	61,80 %	61,69 %
Deckungsgrad A	$\dfrac{\text{Eigenkapital} \times 100}{\text{Anlagevermögen}}$	$\dfrac{1119{,}7 \times 100}{591}$	189,46 %	185,03 %	179,93 %
Deckungsgrad B	$\dfrac{(\text{EK} + \text{langfristiges FK}) \times 100}{\text{Anlagevermögen}}$	$\dfrac{(1119{,}7 + 165{,}3) \times 100}{591}$	217,43 %	218,07 %	210,21 %
Liquidität 1. Stufe	$\dfrac{\text{Zahlungsmittel} \times 100}{\text{kurzfristiges FK}}$	$\dfrac{232{,}4 \times 100}{447{,}2}$	51,97 %	48,38 %	28,34 %
Liquidität 2. Stufe	$\dfrac{(\text{Zahlungsmittel} + \text{Forderungen}) \times 100}{\text{kurzfristiges FK}}$	$\dfrac{(232{,}4 + 407{,}2) \times 100}{447{,}2}$	143,02 %	136,40 %	114,10 %
Liquidität 3. Stufe	$\dfrac{\text{Umlaufvermögen} \times 100}{\text{kurzfristiges FK}}$	$\dfrac{1150{,}2 \times 100}{447{,}2}$	257,20 %	250,24 %	240,13 %
Netto-Umlaufvermögen	Umlaufvermögen ./. kurzfr. FK	1150,2 ./. 447,2	703 Fr.	687,2 Fr.	588,4 Fr.
Lagerumschlagskoeffizient (1)	$\dfrac{\text{Umsatz (netto)}}{\text{Lagerbestand}}$	$\dfrac{1580{,}4}{510{,}6}$	3,10 ×	3,03 ×	2,51 ×
Lagerreichweite (2)	$\dfrac{\text{Lagerbestand} \times 360}{\text{Planverbrauch pro Jahr}}$				
Debitoren-Kreditfrist	$\dfrac{\text{Debitoren} \times 360}{\text{Jahres-Umsatz (netto)}}$	$\dfrac{349{,}5 \times 360}{1580{,}4}$	79,6 Tg.	78,8 Tg.	85,9 Tg.
Gewinn	Ertrag ./. Aufwand	1624,2 ./. 1558,6	65,6 Fr.	75,4 Fr.	60,5 Fr.
Eigenkapitalrentabilität	$\dfrac{\text{Reingewinn} \times 100}{\text{Eigenkapital}}$	$\dfrac{65{,}6 \times 100}{\dfrac{1119{,}7 + 1062{,}1}{2}}$	6,01 %	7,51 %	6,65 %

Bezeichnung der Kennzahl	Formel	Berechnung 1986	Wert der Kennzahl 1986	1985	1984
Gesamtkapital-rentabilität (3)	$\dfrac{(RG + \text{Zinsen a.langfr. FK}) \times 100}{\text{Gesamtkapital}}$				
Cash-flow	Abschreibungen + RG	77,5 + 65,6	143,1 Fr.	145,9 Fr.	127,2 Fr.
Umsatzrentabilität	$\dfrac{\text{Cash-flow} \times 100}{\text{Umsatz (netto)}}$	$\dfrac{143,1 \times 100}{1580,4}$	9,05 %	9,25 %	9,58 %
Verschuldungsfaktor	$\dfrac{\text{Verbindlichkeiten}}{\text{Cash-flow}}$	$\dfrac{621,5}{143,1}$	4,34 ×	4,50 ×	4,62 ×
Funds Position	Cash-flow ./. langfristige Investitionen	143,1 ./. 94,5	48,6 Fr.	27,5 Fr.	54,5 Fr.

(1) Bei der Ermittlung des Lagerumschlagskoeffizienten wurden sämtliche Lagerbestände einbezogen (Rohmaterial, Bestandteile, Ware-in-Arbeit, Fertigprodukte). Zur Bewertung der Lagerbestände werden im Geschäftsbericht folgende Ausführungen gemacht:
«Die Bewertung der Lagerbestände erfolgt nach den für die interne Kostenrechnung massgebenden Methoden. In den einzelnen Konzerngesellschaften werden die zugekauften Waren (Rohmaterial, Halb- und Fertigfabrikate) zu Einstandspreisen bewertet. Für die selbst hergestellten Erzeugnisse (Ware-in-Arbeit, Halb- und Fertigfabrikate) werden die aufgelaufenen Fabrikationskosten erfasst. Unkurante Positionen werden nach rechnerischen Kriterien ermittelt und bewertet.»

(2) Die Berechnung der Lagerreichweite lässt sich mit Hilfe des Geschäftsberichtes nicht vornehmen.

(3) Da die Zinsen auf dem langfristigen Fremdkapital nicht separat ausgewiesen werden, lässt sich die Gesamtkapitalrentabilität nicht ermitteln.

Beilagen
1 Landis & Gyr-Konzern Ertragsrechnung
2 Landis & Gyr-Konzern Bilanz
3 Landis & Gyr-Konzern Kapitalbedarf und Finanzierung
4 Bemerkungen zur Ertragsrechnung und Bilanz des Landis & Gyr-Konzerns

Landis & Gyr-Konzern
Ertragsrechnung

	1977–1986 (in Mio Franken) (Anmerkungen siehe Seite 14)	1986	1985	1984	1983	1982
1 Produktions- **leistung**	1.1 **Fakturenausgang netto** (nach Abzug von Fracht und Zoll)	**1580,4**	**1577,6**	**1328,4**	**1235,0**	**1254,3**
	1.2 (±) Lagerveränderung (Apparate, Bestandteile, Ware-in-Arbeit) und Wert Eigenherstellung von Spezialwerkzeugen usw.	43,8	21,0	55,7	52,2	10,2
	1.0 (=) **Totalwert der Produktionsleistung**	**1624,2**	**1598,6**	**1384,1**	**1287,2**	**1264,5**
	% Veränderung gegenüber Vorjahr	+ 1,6	+ 15,5	+ 7,5	+ 1,8	– 7,6
2 Kosten	2.1 (+) Warenverbrauch von Dritten (zugekauftes Rohmaterial, Bestandteile, Apparate usw.)	391,8	405,6	331,0	295,0	293,7
	in % der Produktionsleistung	24,1	25,4	23,9	22,9	23,2
	2.2 (+) Dienstleistungen von Dritten usw. (Verbrauchsmaterial, Energie, Provisionen, Reisespesen, PTT-Kosten, Lizenzen, Finanzkosten, Fremdzinsen, Steuern usw.)	322,8	287,6	244,1	235,1	237,8
	in % der Produktionsleistung	19,9	18,0	17,7	18,3	18,8
	2.3 (+) Abschreibungen	77,5	70,5	66,7	62,8	61,6
	in % der Produktionsleistung	4,8	4,4	4,8	4,9	4,9
	2.4 (+) Personalkosten einschliesslich Erfolgsbeteiligung der Arbeitnehmer	767,3	760,3	681,6	645,5	639,1
	in % der Produktionsleistung	47,2	47,5	49,2	50,1	50,6
	2.5 (=) Total Kosten	1559,4	1524,0	1323,4	1238,4	1232,2
	2.6 (–) Erträge aus Minderheitsbeteiligungen	0,6	1,3	0,4	0,4	0,2
	2.7 (+) Anteil Drittaktionäre	(0,2)	0,5	0,6	0,9	0,8
	2.0 (=) **Total Kosten netto**	**1558,6**	**1523,2**	**1323,6**	**1238,9**	**1232,8**
3 Ertrag	3.1 Gesamtertrag (1.0–2.0)	65,6	75,4	60,5	48,3	31,7
	in % der Produktionsleistung (1.0)	4,0	4,7	4,4	3,8	2,5
	in % des Eigenkapitals (9.6)	6,2	8,0	6,9	5,7	3,8
	3.2 Anteil PPS	2,3	2,4	2,3	2,8	2,8
	3.3 (=) **Gesamtertrag Landis & Gyr-Aktien**	**63,3**	**73,0**	**58,2**	**45,5**	**28,9**
	3.1 Gesamtertrag	65,6	75,4	60,5	48,3	31,7
	3.4 (–) Zins auf Eigenkapital	55,9	52,5	48,4	51,2	45,9
	%	5,5	5,5	5,5	6,0	5,5
	2.6 (–) Erträge aus Minderheitsbeteiligungen	0,6	1,3	0,4	0,4	0,2
	3.5 Netto-Betriebserfolg (nach Verzinsung des Eigen- und Fremdkapitals)	9,1	21,6	11,7	(3,3)	(14,4)
4 Cash Flow	4.1 Abschreibungen (2.3)	77,5	70,5	66,7	62,8	61,6
	4.2 (+) Gesamtertrag (3.1)	65,6	75,4	60,5	48,3	31,7
	% Veränderung gegenüber Vorjahr	– 13,0	+ 24,6	+ 25,3	+ 52,4	– 40,1
	4.0 (=) **Cash Flow**	**143,1**	**145,9**	**127,2**	**111,1**	**93,3**
	% Veränderung gegenüber Vorjahr	– 1,9	+ 14,7	+ 14,5	+ 19,1	– 17,4
	in % der Produktionsleistung	8,8	9,1	9,2	8,6	7,4
	4.0.1 Cash Flow Landis & Gyr-Aktien (nach Anteil PPS)	140,7	143,5	124,9	108,3	90,5
9 Veränderung des **Eigenkapitals im** **Geschäftsjahr**	9.6 Eigenkapital anfangs Jahr	1062,1	946,6	871,8	845,8	826,5
	(–) Dividende (für das Vorjahr) und Abgeltung für nicht ausgeübte Bezugsrechte	(17,2)	(16,4)	(14,8)	(14,5)	(17,2)
	(+) Kapitaleinzahlungen	25,2	62,5	27,5	4,3	6,5
	3.1 (+) Gesamtertrag	65,6	75,4	60,5	48,3	31,7
	(±) ausserordentliche Erträge/(Aufwendungen)	(16,0)	(6,0)	1,6	(12,1)	(1,7)
	9.6 **Eigenkapital Ende Jahr**	**1119,7**	**1062,1**	**946,6**	**871,8**	**845,8**

88

Beilage 2:

Landis & Gyr-Konzern
Bilanz

1977–1986 (in Mio Franken) (Anmerkungen siehe Seite 14)	1986	1985	1984	1983	1982
5 Umlaufvermögen 5.1 Liquide Mittel und kurzfristige Anlagen	**232,4**	**221,3**	**119,0**	**139,0**	**122,0**
5.2 Guthaben bei Kunden	349,5	345,4	316,8	260,5	269,5
5.3 Diverse Guthaben und Vorauszahlungen	57,7	57,2	43,3	46,2	50,8
5.4 Rohmaterial, Bestandteile, Ware-in-Arbeit, Fertigprodukte	510,6	520,7	529,2	477,4	491,5
5.5 **Betriebliches Umlaufvermögen** (5.2 bis 5.4)	**917,8**	**923,3**	**889,3**	**784,1**	**811,8**
5.0 **Umlaufvermögen Total** (5.1+5.5)	**1150,2**	**1144,6**	**1008,3**	**923,1**	**933,8**
6 Anlagevermögen 6.1 Grundstücke, Ökonomie- und Wohngebäude (Betriebswert)	32,1	31,0	27,4	30,8	26,2
6.2 Fabrik- und Verwaltungsgebäude (Betriebswert)	207,1	200,4	198,5	195,9	200,7
6.2.1 Baukosten	*418,6*	*401,9*	*389,2*	*376,7*	*368,0*
Betriebswert in % der Baukosten	*49,5*	*49,9*	*51,0*	*52,0*	*54,5*
6.3 Maschinen, Instrumente, Mobiliar (Betriebswert)	322,8	307,5	282,3	275,3	268,9
6.3.1 Anschaffungswert	*841,8*	*823,1*	*768,6*	*742,8*	*714,5*
Betriebswert in % des Anschaffungswertes	*38,4*	*37,4*	*36,7*	*37,1*	*37,6*
6.4 Sachliches Anlagevermögen (6.1 bis 6.3)	562,0	538,9	508,2	502,0	495,8
6.5 Minderheitsbeteiligungen, langfristige Darlehen	29,0	35,1	17,9	18,1	18,8
6.0 **Anlagevermögen Total** (6.4+6.5)	**591,0**	**574,0**	**526,1**	**520,1**	**514,6**
7 Gesellschafts-vermögen 7.0 **Gesellschaftsvermögen Total** (5.0+6.0)	**1741,2**	**1718,6**	**1534,4**	**1443,2**	**1448,4**
8 Fremdkapital 8.1 Kurzfristige Bankschulden	81,4	124,5	96,4	78,2	74,0
8.2 Lieferanten und Übrige	273,4	255,7	249,9	209,2	213,4
8.3 Kundenanzahlungen	92,4	77,2	73,6	55,1	59,2
8.4 **Kurzfristiges Fremdkapital** (8.1 bis 8.3)	**447,2**	**457,4**	**419,9**	**342,5**	**346,6**
8.5 Fremdkapital mit über einjähriger Fälligkeit	36,4	44,8	49,2	88,1	114,4
8.6 Wandelanleihe 1971–1986	–	5,8	39,5	54,7	55,0
8.7 Personalstiftungen	118,8	130,7	66,2	71,6	67,2
8.8 Rückstellung für Gratifikationen	10,1	8,3	4,4	6,3	11,5
8.9 **Langfristiges Fremdkapital** (8.5 bis 8.8)	**165,3**	**189,6**	**159,3**	**220,7**	**248,1**
8.10 **Anteil Drittaktionäre am Eigenkapital**	**9,0**	**9,5**	**8,6**	**8,2**	**7,9**
8.0 **Fremdkapital Total** (8.4+8.9+8.10)	**621,5**	**656,5**	**587,8**	**571,4**	**602,6**
Fremdkapital in % der Bilanzsumme (7.0)	*35,7*	*38,2*	*38,3*	*39,6*	*41,6*
Netto-Umlaufvermögen (5.0–8.4)	*703,0*	*687,2*	*588,4*	*580,6*	*587,2*
Verhältnis Umlaufvermögen/Kurzfristiges Fremdkapital (5.0:8.4)	*2,6 : 1*	*2,5 : 1*	*2,4 : 1*	*2,7 : 1*	*2,7 : 1*
9 Eigenkapital 9.1 Aktienkapital Landis & Gyr AG (Aktien zu Fr. 200)	153,0	141,0	124,8	115,8	111,5
9.2 PPS-Kapital	44,0	44,0	44,0	44,0	44,0
9.3 Agioeinzahlungen	182,1	168,9	122,6	104,1	104,1
9.4 **Einbezahltes Kapital Total** (9.1 bis 9.3)	**379,1**	**353,9**	**291,4**	**263,9**	**259,6**
9.5 Erarbeitetes Eigenkapital	740,6	708,2	655,2	607,9	586,2
9.6 **Eigenkapital Total** (9.4+9.5)	**1119,7**	**1062,1**	**946,6**	**871,8**	**845,8**
Eigenkapital in % der Bilanzsumme (7.0)	*64,3*	*61,8*	*61,7*	*60,4*	*58,4*
9.6.1 Anteil PPS (inkl. Dividende)	46,3	46,4	46,4	46,3	46,8
9.0 **Eigenkapital Landis & Gyr-Aktien**	**1073,4**	**1015,7**	**900,2**	**825,5**	**799,0**

Beilage 3:

Landis & Gyr-Konzern
Kapitalbedarf und Finanzierung

1977–1986 (in Mio Franken)		1986	1985	1984	1983	1982
	Abschreibungen	77,5	70,5	66,7	62,8	61,6
	Gesamtertrag	65,6	75,4	60,5	48,3	31,7
	Cash Flow	143,1	145,9	127,2	111,1	93,3
Investitionen in	Grundstücke, Ökonomie- und Wohngebäude	1,4	4,3	(3,0)	3,6	0,2
	Fabrik- und Verwaltungsgebäude	20,5	13,9	14,8	9,6	13,3
	Maschinen, Instrumente, Mobiliar	73,4	80,0	61,1	55,8	57,6
	Langfristige Investitionen (Subtotal)	95,3	98,2	72,9	69,0	71,1
	Minderheitsbeteiligungen und langfristige Darlehen	(0,8)	20,2	(0,2)	(0,7)	0,5
	Total langfristige Investitionen	94,5	118,4	72,7	68,3	71,6
	in % des Cash Flow	66	81	57	61	77
	Saldo	48,6	27,5	54,5	42,8	21,7
Veränderung Umlaufvermögen	Guthaben bei Kunden	4,1	28,6	56,3	(9,0)	(11,9)
	Diverse Guthaben und Vorauszahlungen	0,5	13,9	(2,9)	(4,6)	(6,0)
	Rohmaterial, Bestandteile, Ware-in-Arbeit, Fertigprodukte	(10,1)	(8,5)	51,8	(14,1)	(37,1)
	Kapitalbedarf betriebliches Umlaufvermögen (Total)	(5,5)	34,0	105,2	(27,7)	(55,0)
	Selbstfinanzierung, Überschuss oder (Fehlbetrag)	54,1	(6,5)	(50,7)	70,5	76,7
	in % des Cash Flow	38	(4)	(40)	63	82
Veränderung Fremdkapital	Kurzfristige Bankschulden	(43,1)	28,1	18,2	4,2	(31,1)
	Lieferanten und Übrige	17,7	5,8	40,7	(4,2)	(26,1)
	Kundenanzahlungen	15,2	3,6	18,5	(4,1)	(14,6)
	Fremdkapital mit über einjähriger Fälligkeit	(8,4)	(4,4)	(38,9)	(26,3)	56,7
	Wandelanleihe	(5,8)	(33,7)	(15,2)	(0,3)	(6,5)
	Personalstiftungen	(11,9)	64,5	(5,4)	4,4	(2,8)
	Rückstellung für Gratifikationen	1,8	3,9	(1,9)	(5,2)	(7,6)
	Drittaktionäre	(0,5)	0,9	0,4	0,3	0,7
	Zunahme/(Abnahme) Fremdkapital (Total)	(35,0)	68,7	16,4	(31,2)	(31,3)
	Saldo	19,1	62,2	(34,3)	39,3	45,4
	Dividenden (für das Vorjahr)	(16,9)	(15,6)	(13,9)	(13,9)	(13,3)
	Abgeltung für nicht ausgeübte Bezugsrechte	(0,3)	(0,8)	(0,9)	(0,6)	(3,9)
	Kapitaleinzahlungen	25,2	62,5	27,5	4,3	6,5
	Ausserordentliche Erträge/(Aufwendungen)	(16,0)	(6,0)	1,6	(12,1)	(1,7)
	Subtotal	(8,0)	40,1	14,3	(22,3)	(12,4)
	Zunahme/(Abnahme) der liquiden Mittel	11,1	102,3	(20,0)	17,0	33,0
	Stand der liquiden Mittel Anfang Geschäftsjahr	221,3	119,0	139,0	122,0	89,0
	Stand der liquiden Mittel Ende Geschäftsjahr	232,4	221,3	119,0	139,0	122,0

90

Anmerkungen zur Ertragsrechnung und Bilanz des Landis & Gyr-Konzerns

Ertragsrechnung 1986
(Angaben in Mio Franken)

A. In den Dienstleistungen von Dritten (2.2) sind folgende Steuern und Finanzkosten/-erträge enthalten:

	1986	1985
Kursverluste (-gewinne)	15.8	(4.1)
Zinskosten	23.5	30.2
Erträge auf kurzfristigen Anlagen	(15.1)	(14.6)
Direkte Steuern	25.8	23.8
Lizenzkosten	1.2	1.0
Lizenzerträge	(4.6)	(2.8)

(in Klammern: Erträge)

B. Die ausserordentlichen Aufwendungen/Erträge enthalten folgende Einzelpositionen:

	1986	1985
Währungsbedingte Umwertungen	20.3	5.7
Differenzen aus Kapitalkonsolidierung	0.2	0.4
Veränderung Anteile Minderheitsaktionäre	(1.0)	—
Übriges	(3.5)	(0.1)
Total	16.0	6.0

(in Klammern: Erträge)

Bilanz 1986
(Angaben in Mio Franken)

C. Die liquiden Mittel (5.1) setzen sich zusammen aus:

	1986	1985
Kassa und Banken	29.7	24.7
Kurzfristige Termingelder	100.8	55.5
Wertschriften	101.9	141.1
Total	232.4	221.3

D. Die Lagerbestände (5.4) setzen sich wie folgt zusammen:

	1986	1985
Fertigprodukte	176.1	171.4
Rohmaterial, Bestandteile, Ware-in-Arbeit	334.5	349.3
Total	510.6	520.7

E. Es wurden folgende Anlageinvestitionen vorgenommen

	1986	1985
Grundstücke und Bauten	21.9	18.2
Maschinen, Instrumente, Mobiliar	53.9	59.5
Produktespezifische Spezialwerkzeuge	19.5	20.5
Total	95.3	98.2

Für das Geschäftsjahr 1987 sind Anlageinvestitionen im Ausmass von 117 Millionen Franken geplant, die voll aus dem Cash Flow finanziert werden sollen. Davon entfallen auf
– Rationalisierungen und Erneuerungen ca. 47%
– Produktionsmittel für neue Produkte ca. 38%
– Bauten ca. 15%
Im Anlagevermögen enthalten sind Objekte im Werte von 5,2 Millionen Franken, die aufgrund von Leasingverträgen genutzt werden.

F. In der Position 8.2 sind die folgenden Beträge enthalten:

	1986	1985
Verbindlichkeiten gegenüber Lieferanten	91.5	82.8
Abgrenzungsposten		
– für Personalkosten	57.3	58.0
– für Steuern	29.4	22.7

G. Eventualverpflichtungen

	1986	1985
	110.3	115.7

IV. Kennzahlen als Führungsgrössen

1. Einleitung

Wir haben bereits früher festgestellt, dass Kennzahlen ihren vollen Aussagewert erst im Vergleich erhalten. Drei Arten von innerbetrieblichen Vergleichen wurden in der Folge unterschieden: der Zeitvergleich, der Soll-Ist-Vergleich und der Norm-Soll-Vergleich (vgl. I. 3.). Zur Durchführung dieser Vergleiche benötigt man folgende Kennzahlen:

– Ist-Kennzahlen (Zeitvergleich). Sie gehen aus dem Rechnungswesen und allenfalls anderen betrieblichen Statistiken hervor.

– Plan-Kennzahlen = Soll-Kennzahlen (Soll-Ist-Vergleich). Sie sind Ergebnis der Budgetierung bzw. Planung.

– Norm-Kennzahlen (Norm-Soll-Vergleich). Sie werden aus der Unternehmungspolitik abgeleitet.

Ausgehend von der Unternehmungspolitik wollen wir uns zunächst damit auseinandersetzen, welche Kennzahlen als Führungsgrössen geeignet sind. Die dabei ermittelten Norm-Kennzahlen dienen ihrer Art, nicht aber ihrer Höhe nach auch der Planung und dem Zeitvergleich, die ihrerseits allerdings durch weitere Kennzahlen zu ergänzen sind.
Die unserer Meinung nach sich als wichtigste Führungsgrössen weisenden Kennzahlen möchten wir anschliessend auf einem A4-Blatt als Bericht an die oberste Leitung vereinen. Diese Berichterstattung soll sowohl der Erklärung betrieblicher Vorgänge und Situationen wie auch als Grundlage für betriebspolitische Entscheidungen und Massnahmen dienen.

2. Kennzahlen in der Unternehmungspolitik

2.1 Das Führungssystem als Ausgangspunkt (Grundlage)

Für die Bestimmung der Kennzahlen in der Unternehmungspolitik gehen wir von der Grobgliederung des Führungssystems in die drei Führungsstufen des unternehmungspolitischen, des planerischen und des dispositiven Entscheidens aus [1] (vgl. Abb. 19).

Um jeweils in diesen Teilsystemen des Führungssystems Entscheidungen fällen, handeln und kontrollieren zu können, benötigen Führungskräfte Informationen unterschiedlicher Art, wobei es sich im Prinzip um Daten aus dem Unternehmungs- und Umweltgeschehen handelt. Mit der Klammerdarstellung eines Management-, Informations- und Kontrollsystems soll darauf hingewiesen werden, dass es sich konzeptionell um ein integriertes System der Informationsbearbeitung und Informationsversorgung handeln muss.
Innerhalb dieses Informationssystems nehmen Kennzahlen einen besonderen Platz ein. Diese Besonderheit beruht auf ihrer Qualität als Führungsgrössen. Es ist wichtig, dass sie normativ bereits in der Unternehmungspolitik explizit verankert werden, denn der Hauptzweck des unternehmungspolitischen Systems besteht darin, allgemeingültige Zielvorstellungen und Verhaltensnormen als Führungsvorgaben verbindlich vorzugeben.

2.2 Die Notwendigkeit zur Konkretisierung in Kennzahlen

Die bloss verbale Umschreibung von unternehmungspolitischen Zielvorstellungen und Verhaltensnormen genügt nach unserem Dafürhalten nicht, um konkrete Politik zu betreiben. Unseres Erachtens ist es unerlässlich, bereits in der Unternehmungspolitik den unternehmerischen Willen in klare, zweifelsfreie Kennzahlen zu kleiden.
Inhaltlich müssen und können diese Norm-Kennzahlen nicht mit den Kennzahlen der Planung identisch sein. Während die Plan-Kennzahlen

---

1 Siegwart, H., Seghezzi, H. D., Management und Qualitätssicherung, in: Qualitätsmanagement – ein Erfolgspotential, Probst, G. J. B. (Hrsg.), Bern 1983, S. 26

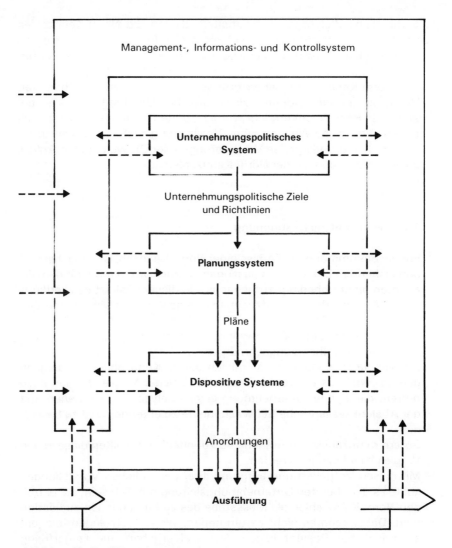

Abbildung 19: Das Führungssystem

verbindliche Zielvorgaben beinhalten, dienen die Norm-Kennzahlen neben der Orientierung in erster Linie der Prüfung, ob das, was durch die Planung und die dispositive Lenkung bewirkt wird, von den unternehmungspolitischen Zielvorstellungen abweicht oder nicht. Die Norm-Kennzahlen haben grundsätzlich langfristigen Charakter. Wenn sie infolge widriger wirtschaftlicher Umstände in einer bestimmten Phase nicht erreicht werden können, sollte man zuerst nach neuen Mitteln und Wegen zu ihrer Realisierung suchen, statt sie abzuändern. Nur grundlegende Veränderungen der Umwelt sollten Anlass zu einem Überdenken der Norm-Kennzahlen geben.

2.3 Die inhaltliche Bestimmung

Für die Bestimmung der Grösse einer Norm-Kennzahl ist zunächst von den bisherigen Ergebnissen auszugehen, auch wenn man mit dem Erreichten nicht unbedingt zufrieden ist. In diesem Fall ist es allerdings an der Zeit, die Routine aufzugeben und nach neuen Mitteln und Wegen zu suchen. Dazu braucht es in der Regel neue Impulse, aber auch Zeit für die Umsetzung ungewohnter Entscheidungen sowie Beharrlichkeit und Durchsetzungsvermögen.

Notwendig ist sodann der Vergleich der Ist-Kennzahlen mit denjenigen der wichtigsten Konkurrenten. Ein solcher Vergleich kann dazu führen, die eigene Unternehmung einer Analyse zu unterziehen, mit der Absicht wesentliche Schwachpunkte zu erkennen und zu beseitigen.

Sofern Kennzahlen der Branche vorzufinden sind, sollten diese in den Vergleich einbezogen werden.

Mit diesen Vorgaben und aufgrund ihrer persönlichen Vorstellungen sollte es der obersten Unternehmungsleitung möglich sein, die einzelnen Norm-Kennzahlen als Massstäbe des zu Erreichenden zu bestimmen. Dabei kann es nicht darum gehen, Werte festzulegen, die jenseits jeglicher Realität liegen. Nur Zielvorgaben, die längerfristig erreichbar sind, wirken motivierend.

Neue, höhere Ansätze, die sich beispielsweise durch das Postulat auf Erhaltung der Unternehmung aufdrängen, sind von zusätzlichen strategischen und dispositiven Massnahmen zu begleiten, die das Erreichen der neuen Normen ermöglichen.

2.4 Die relevanten Kennzahlen

Damit kommen wir zur schwierigen Frage, welche Kennzahlen explizit in der Unternehmungspolitik Eingang finden sollen. Grundsätzlich
sind das diejenigen Normen, welche für den Fortbestand der Unternehmung wichtig sind.
Die Erhaltung der Existenz ist weitgehend vom erwirtschafteten,
geldwertmässigen Erfolg (Cash-flow, Gewinn, Deckungsbeitrag,
Wertschöpfung) abhängig. Der Erfolg beeinflusst nicht nur die Liquidität, sondern auch den Umfang der Selbstfinanzierung und das Ausmass der Gewinnausschüttung.
Was über den Zusammenhang von Erfolg und Existenzsicherung gesagt wurde, gilt in besonderem Masse für die Bewahrung der Unternehmung vor Liquiditätsschwierigkeiten. Grundsätzlich bedeutet
Liquidität die Fähigkeit einer Unternehmung, allen Zahlungsverpflichtungen fristgerecht nachkommen zu können. Selbst im Falle eines positiven Erfolges kann eine Unternehmung in Liquiditätsschwierigkeiten geraten. Kann die Zahlungsunfähigkeit nicht behoben werden,
bedeutet dies in der Regel das Ende der Institution Unternehmung. Sicherung der Zahlungsfähigkeit ist deshalb eine vordringliche Aufgabe.
In unserem marktwirtschaftlichen System gehören die Erwirtschaf-
tung eines Überschusses und die Erhaltung der Liquidität zu den absoluten Erfordernissen unternehmerischer Tätigkeiten. Nicht umsonst
wird in der Marktwirtschaft die Gewinnerwirtschaftung als die wichtigste Antriebskraft unternehmerischen Handelns angesehen. [2]
Dieser Sachverhalt berührt auch die Höhe der Gewinnausschüttung.
Gewinnausschüttungen entziehen der Unternehmung liquide Mittel
und damit Substanz. Unternehmungs- und sozialpolitisch liegt die
Problematik nicht im Zwang zur Gewinnerwirtschaftung und Gewinnverantwortung, sondern in der Gewinnverteilung. Deshalb müssen in
der Unternehmungspolitik auch Überlegungen über die Art und Höhe
der Gewinnverwendung gemacht werden.

---

2 Vgl. z. B. Heinen, E., Das Zielsystem der Unternehmung, in: Die Betriebswirtschaft
  in Forschung und Praxis, Heinen, E. (Hrsg.), Wiesbaden 1966, S. 126; Siegwart,
  H., Das Rechnungswesen als Instrument der Unternehmungsführung, in: Führungsprobleme industrieller Unternehmungen, Hahn, D. (Hrsg.), Festschrift für
  F. Thomée zum 60. Geburtstag, Berlin und New York 1980, S. 237 ff.

Schliesslich kann man den Führungskräften vorschreiben, jedes Jahr einen Beitrag zum realen Wachstum der Unternehmung zu leisten. Zusammenfassend ist festzustellen, dass sich alle unternehmungspolitisch relevanten Kennzahlen im Spannungsfeld von Sicherheit, Rentabilität und Wachstum bewegen. Diese drei Zielgruppen bilden ein magisches Dreieck:

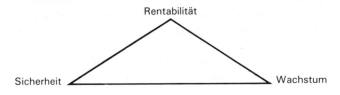

Abbildung 20: Magisches Zieldreieck

Wie bereits aus den vorstehenden Ausführungen deutlich wird, können zwischen diesen Zielgruppen, aber auch zwischen den einzelnen Zielen unterschiedliche Beziehungen bestehen. Grundsätzlich können die folgenden drei Beziehungen unterschieden werden:

– Zielharmonie

– Zielindifferenz

– Zielantinomie.

Zwischen einzelnen Zielen bzw. Zielgruppen besteht dann Zielharmonie, wenn sie zwar nicht identisch aber so gelagert sind, dass die Erreichung der einen mittelbar zur Erreichung der andern führt.
Von einer Zielindifferenz wird dann gesprochen, wenn Ziele verschieden sind, die Erreichung des einen Zieles aber jene eines andern nicht beeinträchtigt.
Bei der Zielantinomie stehen einzelne Ziele zueinander in einem Gegensatz.
Bei der Auswahl relevanter Kennzahlen muss unbedingt darauf geachtet werden, dass sie sowohl in bezug auf ihre Art als auch auf ihre Höhe miteinander harmonieren.

2.5 Folgerungen

Unsere Vorstellungen über den Inhalt einer Unternehmungspolitik sollen nun konkretisiert werden. Das nachstehend aufgeführte Beispiel bezieht sich auf einen bestimmten Unternehmungstyp und beschränkt sich auf den finanzwirtschaftlichen Teil der Unternehmungspolitik. Ähnlich formulierte Überlegungen sind auch im leistungswirtschaftlichen und sozialen Bereich der Unternehmungspolitik denkbar. Wir haben bereits darauf hingewiesen, dass die Norm-Kennzahlen für jede Unternehmung entsprechend ihren Gegebenheiten und Möglichkeiten individuell festgelegt werden müssen.

Beispiel:

Abbildung 21: Finanzwirtschaftliches Konzept

Grundsätze	Zielvorstellungen
1. Finanzwirtschaftliches Potential	
Das verfügbare Gesamtkapital der Unternehmung ist so auszugestalten, dass – die Unabhängigkeit der Unternehmung gesichert bleibt, – ein gesundes Wachstum der Unternehmung ermöglicht wird.	*Unabhängigkeit der Unternehmung* Das Verhältnis zwischen Eigenkapital und Fremdkapital soll im Rahmen von 50 Prozent zu 50 Prozent gehalten werden. *Wachstum* Im Durchschnitt pro Jahr sollen mindestens 3 Prozent real an Wachstum erzielt werden.
2. Eigenkapital	
Das Anlagevermögen sowie 20 Prozent des gebundenen Umlaufvermögens müssen durch Eigenkapital und langfristiges Fremdkapital im Verhältnis von 40 Prozent Eigenkapital zu 60 Prozent langfristigem Fremdkapital gedeckt sein. Zur Stärkung der Eigenkapitalbasis erachten wir einen hohen Selbstfinanzierungsgrad als notwendig. Eine Eigenkapital-Aufstockung durch AK-Erhöhungen, eventuell Abgabe von PS, ist nicht auszuschliessen.	Das mittelfristig anzustrebende *Cashflow-Ziel* wird auf *mindestens 8 Prozent des Netto-Umsatzes festgelegt.* Das nominelle Aktienkapital soll vorläufig im Rahmen von 15 bis 25 Prozent des gesamten Eigenkapitals gehalten werden.

Grundsätze	Zielvorstellungen

3. Liquidität

Die Höhe der liquiden Mittel hat so zu sein, dass die Erfüllung der Zahlungsverpflichtung aus den laufenden und geplanten Tätigkeiten gewährleistet ist. Die Zusammensetzung des Umlaufvermögens hat den allgemein anerkannten Grundsätzen gesunder Deckungsverhältnisse zu entsprechen.

Die verfügbaren *Bankkredite* sollen 2 Prozent des Umsatzes betragen. Die verfügbare Liquiditätsreserve hat 2 Prozent des Umsatzes zu betragen. Sie ist in Festgeldern, sofort verkäuflichen Wertpapieren usw. anzulegen. Im Falle ihrer Verwendung ist sie längstens innerhalb von 2 Jahren wieder aufzubauen.

4. Ertrag

Die Ertragsziele sind so festzulegen, dass sie
- sowohl eine angemessene Verzinszung des investierten Eigenkapitals
- als auch eine gesunde Weiterentwicklung der Unternehmung ermöglichen.

Wir streben eine Verzinsung des Eigenkapitals (Gewinn vor Steuern) im Verhältnis zum Eigenkapital von mindestens *10 Prozent p. a.* an. Weiter streben wir eine Umsatzrendite (Nettogewinn nach Steuern) im Verhältnis zum Netto-Umsatz von *5 Prozent p. a.* an. Für Investitionen gilt eine Rendite von *mind. 12 Prozent.* Die Rendite wird berechnet als Nettonutzen nach Ablauf der Investitionsphase. Investitionen mit reinem Ersatzcharakter sind bei den Renditenberechnungen entsprechend zu berücksichtigen.

5. Ertragsverwendung

Die Ertrags- bzw. Cash-flow-Verwendung ist ausgewogen mit folgender Prioritätsordnung vorzunehmen
- Verzinsung des Eigenkapitals, resp. *Dividende*
- Vertragliche *Rückzahlung* von *Fremdkapital*
- Netto-Investition im *Umlaufvermögen*
- Ersatz- und *Rationalisierungsinvestitionen*
- Neue *Marktinvestitionen, Expansionsinvestitionen, Sachanlagen*

Dividende
Inklusive allfälliger Gewinnvorwegnahmen soll der insgesamt zur Ausschüttung gelangende Betrag *20 Prozent* des ausgewiesenen *Nettogewinnes* nicht übersteigen.

Rückzahlung Fremdkapital
Vertraglich geregelte Rückzahlungsmodalitäten beim Fremdkapital sind aus psychologischen Gründen strikte einzuhalten.

100

Grundsätze	Zielvorstellungen
	Ersatz- und Rationalisierungsinvestitionen Notwendige Ersatz- und Rationalisierungsinvestitionen haben gegenüber Expansionsprojekten Vorrang. *Expansionsinvestitionen* Expansionsinvestitionen sind unter Berücksichtigung der Kapitalbeschaffungsmöglichkeiten sowie der verfügbaren Eigenmittel jährlich im voraus festzulegen und in einer 5-Jahres-Finanzplanung aufzuzeigen.

6. Wirtschaftlichkeit

Als marktwirtschaftliche Unternehmung streben wir bei allen unseren Aktivitäten eine optimale Wirtschaftlichkeit an. Die Detailziele sind derart festzulegen, dass sie laufend messbar und in ihrer Gesamtheit mit den gesamtunternehmerischen Ertragszielen abstimmbar sind.	Zur Erreichung der Ertragsziele ist bei folgenden strategischen Geschäftsfeldern eine Verbesserung der Wirtschaftlichkeit zwingend. *SGF : B* Verbesserung des Innovations-DB um durchschnittliche 6 Prozent p. a.

3. Kennzahlen im Planungs- und Kontrollsystem

3.1 Allgemeine Bemerkungen

Die oberste Unternehmungsleitung darf sich mit der Fixierung der unternehmungspolitischen Zielvorstellungen nicht zufrieden geben. Diese prinzipiellen Normen müssen in einer umfassenden Planung umgesetzt werden. Generell beinhaltet Planung die Vorausbestimmung zukünftig zu erzielender Ergebnisse. Zwischen Ergebniserwartung einschliesslich der Vorbedingungen – Bereitstellung der notwendigen personellen und finanziellen Ressourcen für die Zielerreichung – und Existenzsicherung bestehen enge Beziehungen. So kann die Existenz des Unternehmens dadurch gefährdet werden, dass unzureichende oder unrealistische Ziele formuliert werden oder die tatsächliche Entwicklung wesentlich unter den Erwartungen liegt. Es kann hier nicht darum gehen, den Planungsprozess und die Planungsinstrumente im einzelnen darzustellen und zu beschreiben. Um den Zusammenhang zu unserem Thema herzustellen, müssen wir uns mit dem Hinweis begnügen, dass eine Planung ohne Kennzahlen ein stumpfes Instrument ist. Die Kennzahlen in der Planung bilden die eigentlichen Führungsgrössen für die Gestaltung und Lenkung der Unternehmung. Plan-Kennzahlen können als verbindliche Zielvorgaben bestimmt und für zielorientierte Handlungsentscheidungen, zum Leistungsanreiz sowie zur Ergebniskontrolle verwendet werden. Die inhaltlichen Zielgrössen der Plan-Kennzahlen dürfen nun aber nicht einfach aus den Norm-Kennzahlen der Unternehmungspolitik abgeleitet werden. Ihre inhaltliche Bestimmung ist in jedem Fall an das gegenwärtig Erreichte, insbesondere aber auch an die sehr sorgfältige Analyse der zukünftigen Markt-, Umwelt- und Unternehmungsentwicklung zu binden. Auch die ökonomischen Wirkungen geplanter Massnahmen und Veränderungen sind in der Planung zu berücksichtigen. Daraus folgt, dass die Grössen der auf diese Weise ermittelten Plan-Kennzahlen von den Norm-Kennzahlen abweichen können. Muss man infolge veränderter wirtschaftlicher Entwicklungen mit stark negativen Abweichungen rechnen, sollten nicht die Norm-Kennzahlen einer Anpassung unterzogen werden, sondern es müssen neue Möglichkeiten und Wege gesucht werden, durch welche die negativen Differenzen in absehbarer Zeit behoben werden können.

Die unternehmungspolitischen Norm-Kennzahlen dienen somit als Beurteilungsmassstab für die Plan-Kennzahlen. Diese Funktion kommt den Norm-Kennzahlen aber in erster Linie im Zusammenhang mit Plan-Kennzahlen der operativen Mehrjahresplanung zu. Vergleichsgrundlage für die Plan-Kennzahlen der Einjahresplanung bilden nicht primär die Norm-Kennzahlen, sondern die Grössen der Mehrjahresplanung, welche ja auch die Grundlage für die Ableitung der Werte der operativen Einjahresplanung bilden. Daraus wird deutlich, dass wir im Rahmen des Planungsprozesses zwischen einer Mehrjahresplanung und einer Einjahresplanung unterscheiden.

3.2 Kennzahlen in der Mehrjahresplanung

Wenn man die zukünftige Existenzsicherung ernst nimmt, dann darf man sich nicht mit der operativen Einjahresplanung begnügen. Umweltveränderungen, eine zunehmende Diskontinuität in vielen Bereichen des menschlichen Lebens und die Risiken von Strukturänderungen und Produktsubstitutionen, lassen es heute nicht mehr zu, dass die Unternehmungsleitung ihre Aufmerksamkeit nur der operativen Jahresplanung zuwendet. Für sich allein vermag die Einjahresplanung den Unsicherheiten nur in sehr seltenen Fällen gerecht zu werden. Der Beobachtungszeitraum und seine planerische Erfassung müssen auf mehrere Jahre (drei bis fünf) ausgedehnt werden.

Die Notwendigkeit, sich mit den höchstens längerfristig vorhersehbaren zukünftigen Gefahren, aber auch Chancen, auseinanderzusetzen, hat noch andere als die bereits genannten Gründe. Einmal bietet die längerfristige Orientierung der Unternehmung einen grösseren Aktionsspielraum als die kurzfristige Anpassung, bei der eine klare Zielausrichtung fehlt, worunter die Leistungswirksamkeit leidet. Jede Unternehmung ist in ihrem Aufbau verhältnismässig starr und daher in ihrer Flexibilität eingeschränkt. Die Anpassung an sich verändernde Marktentwicklungen braucht deshalb Zeit. Das gilt nicht nur für den Prozess der Willensbildung inklusive der vorgängig notwendigen Analysen, sondern vor allem für die Willensdurchsetzung. Dazu kommt, dass sich die ökonomische Wirkung vieler Massnahmen erst im Laufe der Zeit voll entfaltet. Zuverlässige Aussagen darüber, ob und welche Massnahmen erfolgversprechend erscheinen und wie sie sich auf die zukünftige finanzwirtschaftliche Situation der Unternehmung aus-

103

wirken, lassen sich nur im Rahmen eines längeren Planungszeitraumes machen.

Grundlage der Mehrjahresplanung bilden strategische Planüberlegungen und strategische Planprojekte. Ihre finanzwirtschaftlichen Auswirkungen sind in den Mehrjahresplänen zu berücksichtigen. Es versteht sich, dass diese im Sinne der rollenden Planung jährlich überprüft werden müssen und, sofern notwendig, den neuesten Erkenntnissen anzupassen sind. Im Mittelpunkt der Mehrjahresplanung stehen Cash-flow, Umsatzwachstum und Finanzbedarf (potentielle Liquidität).

Die aus der Mehrjahresplanung errechneten Plan-Kennzahlen sind mit den in der Unternehmungspolitik verankerten Norm-Kennzahlen zu vergleichen. Ergeben sich erhebliche Abweichungen, sind zusätzliche Überlegungen und Analysen nötig, um abzuklären, wie eine Annäherung an die Norm-Kennzahlen, zum Beispiel durch strategische Kostensenkungsmassnahmen (GWA), erreicht werden kann.

Es ist durchaus denkbar, dass in der Mehrjahresplanung zusätzlich zu den aus der Unternehmungspolitik stammenden Norm-Kennzahlen weitere Kennzahlen gebildet werden, wie zum Beispiel Produktivitätskennzahlen des Produktionsbereiches, des Vertriebes und der Verwaltung. Ergänzende Plan-Kennzahlen sollten aber nur dann vorgegeben werden, wenn sie für die Unternehmung eine besondere Bedeutung besitzen.

3.3 Kennzahlen in der Einjahresplanung

Generell lässt sich zur Einjahresplanung sagen, dass sie die verbindlichste Grundlage für die dispositive Lenkung der operativen Vorgänge im folgenden Planjahr bildet. Die Einjahresplanung kann aber die Funktion des Bereitstellens von Orientierungs- und Entscheidungsregeln nur dann übernehmen, wenn bei ihrer Vorbereitung die aktuellsten Erkenntnisse über die Unternehmung und ihre Umwelt berücksichtigt und nicht einfach die Daten aus der Mehrjahresplanung übernommen wurden. Eine weitere wichtige Grundlage für die Einjahresplanung bilden Prämissen (Vorentscheidungen über Marktpreis- und Lohnerhöhungen, die Marktfreigabe neuer Produkte usw.).

Trotzdem soll aber die Einjahresplanung nicht losgelöst von der Mehrjahresplanung durchgeführt werden. Sie ist mit der Mehrjahresplanung so zu verknüpfen, dass bestimmte wichtige Eckwerte (Planziele) als grundsätzlich verbindliche Vorgaben übernommen werden. Dabei handelt es sich um das geplante Umsatzwachstum sowie um den geplanten Cash-flow. Vor allem, wenn sich herausstellt, dass gewisse Planziele in der Mehrjahresplanung zu optimistisch vorgegeben worden sind, können diese mit den Zielgrössen der Einjahresplanung in Konflikt geraten. Wenn man sich der wahrscheinlichen Realität beugt und die niedrigeren Planziele der Einjahresplanung akzeptiert, so kann das zur Folge haben, dass der in der Mehrjahresplanung vorgesehene Finanzbedarf nicht gesichert ist. Sind die finanziellen Mittel gemäss strategischer Planung schon zugeteilt und bereits für die Durchführung von Projekten eingesetzt worden – zum Beispiel für die Finanzierung von Sach- und Finanzinvestitionen sowie von Produktinnovationen –, dann kann es früher oder später zu Liquiditätsproblemen kommen.

Der budgetierte Minderertag in der Einjahresplanung darf daher nicht einfach hingenommen werden, wenn man die mögliche Verschlechterung der zukünftigen Wettbewerbsposition nicht in Kauf nehmen will. Trotzdem muss gelegentlich im Sinne eines «Entweder-Oder» entschieden werden, und hierfür müssen dann neue Prioritäten gesetzt werden, oder es wird zu finanziellen Schwierigkeiten kommen.

Wie auch immer derartige Entscheidungen ausfallen, grundsätzlich empfiehlt es sich, den Zielen der Mehrjahresplanung soweit als möglich den Vorrang zu geben. Wenn gewichtige strategische Massnahmen, deren Verwirklichung existenznotwendig sind, in Frage gestellt werden, verbieten voraussehbare gravierende Konsequenzen einen zu grosszügigen Kompromiss.

Die Eckwerte der Mehrjahresplanung können somit nicht beliebig nach unten korrigiert werden. Die Erfolgschance der strategischen Planung setzt in diesem Sinne der Reduktion der Mehrjahresziele eine Grenze. Es bleibt keine andere Wahl, als in erster Linie nach Massnahmen zu suchen, die so gut wie möglich eine Verwirklichung der Eckwerte versprechen. In diesem Sinne hat die Einjahresplanung in erster Linie eine Massnahmenplanung zu sein.

Wegen der arbeitsteiligen Organisationsstruktur und des stärkeren Detaillierungsgrades in der Planung, spielen dabei Kennzahlen der einzelnen Bereiche und Abteilungen eine oft viel grössere Rolle als die bereits erwähnten Kennzahlen, welche in der Unternehmungspolitik

und der Mehrjahresplanung verwendet werden. Die Erreichung dieser spezifischen Kennzahlen bildet die eigentliche Grundlage für die Verwirklichung des unternehmerischen Gesamterfolges. Die Kostenstellenleiter müssen ihre Kräfte darauf konzentrieren, dass die «kleinen» Planziele, auf die sie direkt einwirken können, erreicht werden. Wichtig ist, dass diese Kennzahlen genau definiert, den verantwortlichen Führungskräften eindeutig zugeteilt und nicht aus den Augen gelassen werden und dass das Tun der Führungskräfte darauf ausgerichtet wird. Schliesslich muss eine entsprechende Kontrolle ausgeübt werden.

Beispiele von Kennzahlen für den Produktionsbereich und die Materialwirtschaft:

- Herstellkosten pro Einheit $= \dfrac{\text{Herstellkosten}}{\text{Produktionsmenge}}$

- Kosten-Intensität (nach wichtigen Kostenarten und eventuell nach Kostenstellen differenziert)

$= \dfrac{\text{Materialkosten (pro Einheit)}}{\text{Herstellkosten (pro Einheit)}}$

$= \dfrac{\text{Fertigungskosten (pro Einheit)}}{\text{Herstellkosten (pro Einheit)}}$

- Maschinen-Nutzungs-Intensität $= \dfrac{\text{Produktionsmenge}}{\text{Maschinenstunden}}$

- Maschinenauslastung pro Zeiteinheit $= \dfrac{\text{Produktionsmenge Ist/Stunden}}{\text{Produktionsmenge Soll/Stunden}}$

- Fertigungskapazitäten-Auslastungsgrad (Schlüsselmaschinen, Abteilungen, Werke) $= \dfrac{\text{Ist-Stunden}}{\text{Soll-Stunden (mögliche Stunden)}}$

- Personalintensität $= \dfrac{\text{Fertigungs-Personalkosten} \times 100}{\text{Fertigungskosten}}$

- Kapitalintensität $= \dfrac{\text{Fertigungs-Kapitalkosten}}{\text{Fertigungskosten}}$

- Material-Ergiebigkeitsquote $= \dfrac{\text{Ausschussmaterial} \times 100}{\text{eingesetztes Material}}$

- Produktionsausschussquote $= \dfrac{\text{Produktionsausschuss} \times 100}{\text{Gesamt-Produktionsmenge}}$

- Fertigungsqualität $= \dfrac{\text{Retourmenge (Fertigungsmängel)}}{\text{Gesamt-Fertigungsmenge}}$

- Fixkosten-Intensität $= \dfrac{\text{Produktions-Fixkosten} \times 100}{\text{Herstellkosten}}$

- Material-Umschlagziffer $= \dfrac{\text{Aufwendungen für Roh-, Hilfs- und Betriebsstoffe}}{\text{Roh-, Hilfs- und Betriebsstoffbestände}}$

- Fertigwaren-Umschlagziffer $= \dfrac{\text{Netto-Umsatz}}{\text{Fertigungsbestände}}$

Beispiele von Kennzahlen für den Absatzbereich:

- ABC-Analyse (Produkte; Kunden) x % Anteile

- Marktanteile, differenziert nach Produktgruppen, Ländern, Teilmärkten, Vertriebswegen/Kundengruppen

- Marktanteile der grössten Wettbewerber

107 • Kostenstruktur des Absatzbereiches

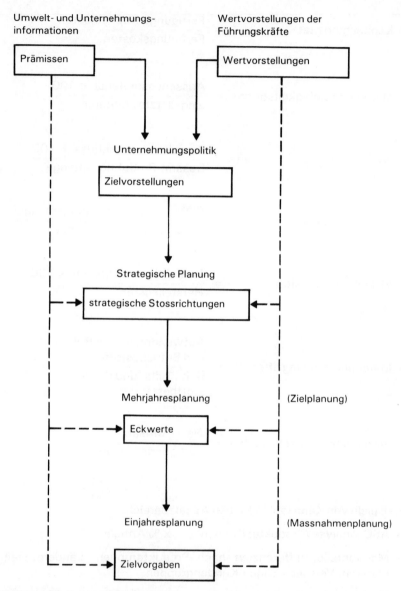

Abbildung 22: Zusammenhang zwischen Unternehmungspolitik, strategischer Planung, operativer Mehr- und Einjahresplanung

108

Wir verzichten auf eine Auflistung von Kennzahlen weiterer Unternehmungsbereiche und verweisen auf die Ausführungen in Kapitel III, wo wir uns insbesonders auch mit der Frage der Bedeutung dieser bereichsbezogenen Kennzahlen auseinandergesetzt haben.

Obige beispielhafte Zusammenstellung verdeutlicht von neuem, dass den Möglichkeiten der Bestimmung von Kennzahlen praktisch keine Grenzen gesetzt sind. Welche Kennzahlen im einzelnen notwendig und zweckmässig sind, lässt sich nur vor dem Hintergrund einer konkreten Unternehmung beurteilen.

3.4 Zusammenfassung

Der Zusammenhang zwischen Unternehmungspolitik, strategischer Planung, operativer Mehr- und Einjahresplanung wird schematisch in voranstehender Übersicht gezeigt (vgl. Abb. 22).

4. Unternehmungsführung mit Kennzahlen

4.1 Berichterstattung

Nachdem wir uns relativ eingehend mit der Unternehmungspolitik und der operativen Planung befasst haben, ist es nun erforderlich, jene Kennzahlen zusammenfassend darzustellen, die für die Führung der Gesamtunternehmung in Betracht zu ziehen sind (vgl. auch Kapitel III). Die unserer Meinung wichtigsten Führungs-Kennzahlen werden in der Tabelle 6 zum Ausdruck gebracht. Ihre inhaltliche Ermittlung geschieht durch den Controller-Dienst.

Die Darstellung ist ein praktisches Beispiel. Sie geht von der Gesamtunternehmung aus und ist – soweit erforderlich mit Kommentaren versehen – im Sinne einer Berichterstattung an die oberste Leitung gerichtet. Sie bezieht sich grundsätzlich auf die Jahresperiode und den Jahresvergleich. Wir werden im folgenden Abschnitt näher auf die Darstellung eingehen.

Berücksichtigt werden Kennzahlen, die allgemein gültig sind. Es ist nicht ausgeschlossen, dass im Einzelfall zusätzliche Kennzahlen zu berücksichtigen sind. Auch ist es denkbar, dass die einmalige jährli-

Tabelle 6: Führungs-Kennzahlen (Mehrjahresübersicht)

		1981	1982	1983	1984	1985	1986	1987	1988	1989	Untern. politik
Gewinn	Ist	3'146	3'312	1'638	2'214	3'248	3'960	4'400	4'900	5'700	
	Soll	3'000	3'500	2'500	2'000	3'000	3'500				5'700
Cash-flow	Ist	6'523	6'757	3'067	4'059	6'701	7'645	7'800	8'200	8'600	
	Soll	7'000	7'000	5'000	4'000	5'000	7'000				8'600
Umsatz		78'120	79'512	72'115	77'481	79'310	82'121	83'400	85'300	86'700	86'700
Umsatzrendite %		8,35	8,50	4,21	5,24	8,45	9,31	9,40	9,60	10,00	10,0 %
Gesamtkap. Rent. %		5,24	5,43	2,64	3,51	5,07	6,00	6,55	7,10	8,08	6 %
Eigenkap. Rent. %		14,3	13,8	6,3	8,2	11,2	13,2	13,5	14,2	15,1	14 %
Verschuldungsgrad FK:EK		63:37	61:39	58:42	58:42	55:45	54:46	51:49	50:50	46:54	50:50
Liquidität	Quick	1,3:1	1,3:1	0,9:1	0,8:1	1,1:1	1,3:1	1,4:1	1,5:1	1,6:1	1,5:1
	Current	2,2:1	2,1:1	1,8:1	1,7:1	1,9:1	2,0:1	2,1:1	2,2:1	2,4:1	2,0:1
Vorräte im Verhältnis zum Umsatz %		31,2	33,9	35,0	31,5	29,1	28,2	26,3	25,0	25,0	25,0

110

che Ermittlung einer Kennzahl nicht ausreicht. Gehen wir zum Beispiel davon aus, dass die Umschlagshäufigkeit der Fertigwarenbestände überdurchschnittlich tief ist. Das muss für die oberste Leitung ein Alarmzeichen sein und sie veranlassen, diesem Tatbestand besondere Aufmerksamkeit zu widmen. In einer solchen Situation genügt es nicht, ihn nur einmal jährlich zu überprüfen. Vielmehr bedarf es einer von der obersten Leitung eingesetzten besonderen «task-force», welche zur Aufgabe erhält, den unbefriedigenden Zustand zu analysieren und Verbesserungsvorschläge verbunden mit terminlich fixierten Zielvorgaben auszuarbeiten. Wichtig ist, dass sich die oberste Leitung quartalsweise über den Fortschritt der Massnahmen berichten lässt.

Andere Beispiele für die Notwendigkeit einer häufigeren als jährlichen Ermittlung einer Kennzahl sind besondere Rationalisierungsmassnahmen in der gesamten Fertigung oder bei wichtigen Produkten (Wertanalyse) oder Massnahmen zur Gemeinkostensenkung (GWA). Die ökonomische Wirkung solcher oder ähnlicher Sondermassnahmen hängt nicht nur vom Entscheidungswillen der obersten Leitung und der Qualifikation der mit der Willensdurchsetzung betrauten Führungskräfte ab, sondern auch von der periodischen Überprüfung der Lösungsfortschritte durch die Leitung. [3]

4.2 Kennzahlen-Vergleich

Eingangs dieses Kapitels wurde darauf hingewiesen, dass die Kennzahlen ihren vollen Aussagewert erst im Vergleich erhalten. Sachlich haben wir zwischen einem Zeitvergleich, einem Soll-Ist-Vergleich und einem Norm-Soll-Vergleich unterschieden. Die hierzu benötigten Informationen sollen aber nicht getrennt für jeden Vergleich ermittelt, sondern integral im Sinne eines Gesamtvergleiches zur Darstellung gebracht werden (vgl. Tab. 6, Führungs-Kennzahlen).

3 Vgl. Siegwart, H., Unternehmensführung – Unternehmensberatung, in: zfo, 53. Jg., Heft Nr. 81, 1984, S. 501 ff.

4.21 Der Zeitvergleich

Der Zeitvergleich (Ist-Ist-Vergleich) sollte die Ist-Kennzahlen der vergangenen fünf Jahre enthalten. Die Bedeutung der zeitlichen Darstellung besteht zunächst einmal darin, die bisherige Entwicklung festzustellen. Um zufällige und konjunkturelle Schwankungen zu glätten, sollte der mehrjährige Durchschnitt betrachtet werden. Trotzdem wird man vielleicht den Schluss ziehen, dass diese historischen Zahlen wenig aufschlussreich und vor allem nicht mehr zu ändern sind. Diese Interpretation ist durchaus berechtigt.

Die Aussagekraft dieser zeitlichen Folge liegt denn auch weniger in der Feststellung der erzielten Ergebnisse als vielmehr in der Aufzeichnung der tendenziellen Entwicklung. Deuten zum Beispiel die Ist-Kennzahlen der Liquidität zweiter Stufe eine negative Entwicklung an oder ist bei der Umsatzrendite ein unerwarteter Einbruch erfolgt, so sollte das ein Alarmsignal sein. Wer die Ursachen der negativen Entwicklung einfach der allgemeinen wirtschaftlichen Flaute zuschreibt und sich der Hoffnung hingibt, dass sich die eigene Situation mit der günstigen Wirtschaftsentwicklung ohne aktives Eingreifen wieder verbessern werde, dürfte möglicherweise schwierigen Zeiten entgegengehen.

Grundsätzlich ist zu sagen, dass von einem konjunkturellen Einbruch in der Regel alle Unternehmungen etwa in gleichem Ausmass betroffen werden. Sodann ist es fraglich, ob es einer Unternehmung gelingt, die verlorene Substanz in absehbarer Zeit wiederzugewinnen. Wenn die Gegensteuerung zu spät erfolgt, erfordert eine Wiederherstellung des Gleichgewichts oft enorme Anstrengungen. Dazu kommt, dass sich der wirtschaftliche Fortschritt meist gerade dann nicht einstellt, wenn man dringend auf die «bessere» Zeit angewiesen wäre. Die wirtschaftliche Entwicklung kümmert sich nicht um die Hoffnung der Unternehmer.

Es ist unerlässlich, dass die Leitung eingreift, wenn sie eine negative Trendentwicklung ahnt, auch wenn die Ursachen erst vage bekannt sind. Der eigentliche Zweck des Zeitvergleichs besteht in der Früherkennung solcher möglicher, die Existenz der Unternehmung gefährdender Entwicklungen. Wer notwendige Verbesserungen auslösen will, muss negative Trends zuerst wahrnehmen; wer immer auf bessere Zeiten wartet, wird gegenwartsblind und wird kaum handeln. Gerade hieraus lässt sich das Kennzeichen erfolgreicher Unternehmungsführung ablesen: Jetzt das tun, was notwendig ist, anstatt zu zaudern und zu zögern.

Die grosse Bedeutung, welche der Erkennung negativer Trendentwicklungen zukommt, erklärt auch, weshalb heute immer öfters eigentliche Frühwarnsysteme aufgebaut und eingeführt werden. Diese Frühwarnsysteme enthalten all jene Kennzahlen, die Hinweise auf die Überlebensfähigkeit der Unternehmung geben. Deutet die Entwicklung dieser Kennzahlen im Zeitvergleich auf ein Verlassen einer durch die Unternehmungsführung festgelegten Bandbreite hin, so sind die Verantwortlichen zum Handeln verpflichtet (vgl. Kap. III.).

Die Reaktionsgeschwindigkeit des Managements und der Erfolg hilfreicher Korrekturmassnahmen lassen sich am Beispiel der Darstellung (vgl. Tab. 6) leicht erkennen. Als im Verlaufe des Jahres 1982 sowohl ein Umsatzrückgang wie auch ein Cash-flow-Einbruch registriert wurde, zögerte die Unternehmungsleitung nicht, einschneidende Massnahmen durchzusetzen. Der wirtschaftliche Erfolg blieb nicht aus, was bereits aus den Zahlen des folgenden Jahres ersichtlich ist.

4.22 Der Soll-Ist-Vergleich

Der Soll-Ist-Vergleich bezieht sich auf das laufende Geschäftsjahr. Als Kontrolle gedacht, steht dieser Vergleich ausschliesslich im Dienste der Verwirklichung operativer Ziele. Indem sie sich auf das Erkennen eingetretener oder voraussehbarer Abweichungen und deren Auswirkungen auf die Zielerreichung richten, garantieren Kontrollen zwar nicht das Erreichen angestrebter Ziele, schaffen aber die Voraussetzungen dazu. Es können dann jene Massnahmen gesucht und durchgesetzt werden, die geeignet erscheinen, unerwünschte Folgen zu beseitigen oder in Grenzen zu halten. Kontrolle sichert somit nicht die Zielerreichung an sich, sondern die unter situativen Gegebenheiten und Möglichkeiten bestmögliche Zielverwirklichung, sofern diese in ihrer Art oder Grösse bis zum Abschluss des Realisierungsgeschehens noch erwünscht ist. [4]

---

113   4 Vgl. Siegwart, H., Menzl, I., a. a. O., S. 11 f.

Die Qualität des Soll-Ist-Vergleichs wird massgebend von folgenden Regeln bestimmt:

- Es muss sichergestellt werden, dass die Ist-Kennzahlen in der Weise ermittelt werden, dass sie mit den Plan-Kennzahlen verglichen werden können.

- Bei den absoluten Kennzahlen (z. B. Umsatz, Cash-flow) sollte der Vergleich monatlich, bei den relativen Kennzahlen (z. B. Rentabilität) vierteljährlich erfolgen. Die grössere Zeitspanne hat hier den Vorteil, dass Zufälligkeiten besser ausgeschaltet werden können. Das ist mit ein Grund, warum wir postulieren, für das erste Quartal eines Geschäftsjahres keine Zwischenbilanz aufzustellen.

- Eine Intervention aufgrund des Soll-Ist-Vergleichs ist nur erfolgversprechend, wenn die Informationen aktuell sind.

- Nicht jede Abweichung soll automatisch eine Intervention veranlassen. Nur wenn die Abweichung eine bestimmte Toleranzgrenze überschreitet, oder kritische Folgen hat (z. B. für die Liquidität oder den Cash-flow), ist dafür Sorge zu tragen, dass die Leitung Gegensteuerungsmassnahmen ergreift.
Zusätzliche Massnahmen sind nicht erforderlich, wenn eine Hochschätzung auf das nächste Quartal bzw. das Ende des Geschäftsjahres ergibt, dass die Planungsergebnisse voraussichtlich erreicht werden.

- Im Hinblick auf die Zweckmässigkeit von Korrekturmassnahmen ist es unerlässlich, dass die Abweichungen auf ihre Ursachen hin untersucht werden. Für diese Analyse kommt der Controller-Dienst in Betracht. Die Ergebnisse sind in einem Kommentar für die oberste Leitung zu verarbeiten. Da die Gewinnverantwortung bei der obersten Leitung liegt, hat sie selbst die für die Erfüllung der Erfolgsziele notwendigen Konsequenzen zu ziehen.

4.23 Der Norm-Soll-Vergleich

Mit dem Norm-Soll-Vergleich ist der Vergleich zwischen den Plan-Kennzahlen aus der Mehrjahresplanung und den Norm-Kennzahlen aus der Unternehmungspolitik angesprochen. Die Norm-Kennzahlen 114 bilden hierbei die Leistungsmassstäbe. Vom Ausmass der Abweichungen hängt es dann ab, ob von der obersten Leitung als Entscheidungsträger eine Planrevision verlangt wird oder nicht.

4.3 Berichterstattung mittels graphischer Darstellungen – Ein Beispiel

Auf die grosse Bedeutung, welche einer zweckmässigen Darstellung der ermittelten Kennzahlen zukommt, haben wir bereits hingewiesen (Kap. I.).
Als Beispiel soll an dieser Stelle die unseres Erachtens vorbildliche Berichterstattung der SWISSAIR wiedergegeben werden.
Da es uns hier einzig um das Aufzeigen sinnvoller Anwendungsmöglichkeiten graphischer Darstellungen im Rahmen der Berichterstattung geht, sehen wir von einer Beurteilung der dargestellten Zusammenhänge ab.

SHARECAPITAL as per end of 1986
Verteilung der Aktien am 31.12.1986

%	SHAREHOLDER Aktionäre	Number of shareholders Zahl der Aktionäre	
23,1	Public institutions: öffentliche Hand Confederation, Cantons, Municipalities, Cantonal banks	69	
11,6	Industry and Commerce Industrie, Handel	1000	
4,0	Banks and Insurance comp. Banken, Versicherungen	78	35'408
30,3	Individual shareholders Private	34'261	
31,0	Bearer shares Inhaberaktien	ca. 7'800	

Total sharecapital: 1'213'517 registered shares Namenaktien
Total Aktienkapital 544'687 bearer shares Inhaberaktien

1'758'204 shares nom. value SFr. 350.-
= SFr. 615'371'400.-

115

SWISSAIR's SHARE OF THE TOTAL SCHEDULED WORLD TRAFFIC
(excl. CHINA and USSR) Anteil der Swissair am Weltluftverkehr
(Revenue ton-km) (ausgelastete tkm)

EXPENSES AND REVENUES PER 100 AVAILABLE TKM's
Ausgaben und Einnahmen pro 100 offerierten tkm

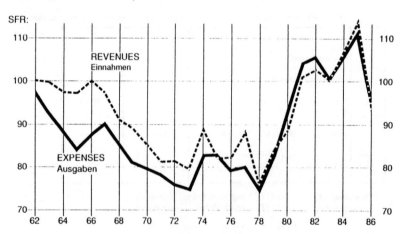

116

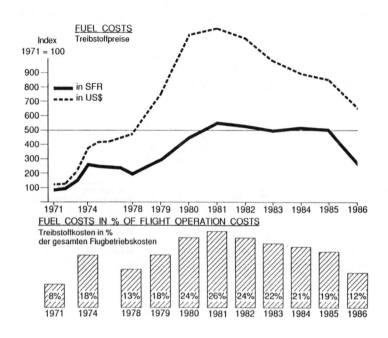

FUEL COSTS
Index Treibstoffpreise
1971 = 100

in SFR
in US$

1971 1974 1978 1979 1980 1981 1982 1983 1984 1985 1986

FUEL COSTS IN % OF FLIGHT OPERATION COSTS
Treibstoffkosten in %
der gesamten Flugbetriebskosten

1971	1974	1978	1979	1980	1981	1982	1983	1984	1985	1986
8%	18%	13%	18%	24%	26%	24%	22%	21%	19%	12%

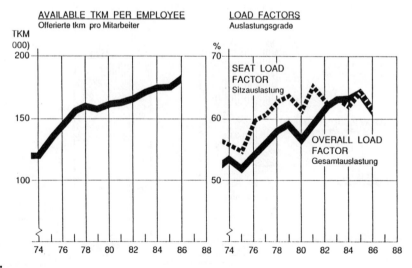

AVAILABLE TKM PER EMPLOYEE
Offerierte tkm pro Mitarbeiter
TKM
000)

LOAD FACTORS
Auslastungsgrade
%

SEAT LOAD
FACTOR
Sitzauslastung

OVERALL LOAD
FACTOR
Gesamtauslastung

74 76 78 80 82 84 86 88   74 76 78 80 82 84 86 88

117

SWISSAIR's "DIVERSIFICATION"
Diversifikation der Swissair

	1960 %	1970 %	1980 %	1985 %	1986 %	
AVAILABLE TKM per area in % of total network	Offerierte tkm pro Gebiet in % des Streckennetzes					
Europe	34	27	19	17	18	
North Atlantic	37	35	28	33	33	
South Atlantic	7	5	6	5	5	
Middle East	12	9	12	13	12	
Far East	10	16	20	18	20	
Africa		8	15	14	12	
REVENUE TKM						Ausgelastete tkm:
Revenue passenger tkm	75	68	68	65	64	Passagier-tkm
Revenue cargo tkm	20	29	30	33	34	Fracht-tkm
Revenue mail tkm	5	3	2	2	2	Post-tkm
TOTAL REVENUE						Gesamtertrag:
Traffic revenue	90	80	81	81	79	Verkehrsertrag
Other revenue	10	20	19	19	21	übriger Ertrag

CURRENCY BASIS OF REVENUE AND EXPENSES 1982 and 1985
Das Währungsverhältnis bei Einnahmen und Ausgaben

in OTHER CURRENCIES
in übrigen Fremdwährungen

in US$ and US$ - LINKED CURRENCIES
in US$ und US$ - abhängigen Währungen

in SWISS FRANCS
in Schweizerfranken

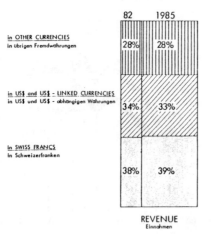

REVENUE
Einnahmen

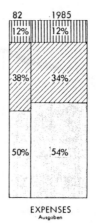

EXPENSES
Ausgaben

118

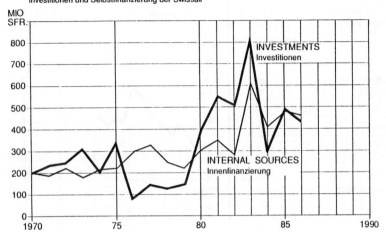

INVESTMENTS AND CASH FLOW OF SWISSAIR 1970 - 1986
Investitionen und Selbstfinanzierung der Swissair

STOCKHOLDER'S EQUITY AND LONG TERM DEBTS
Eigenkapital und langfristige Schulden
(in MIO SFR)

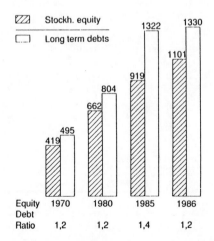

	Equity	1970	1980	1985	1986
Debt Ratio		1,2	1,2	1,4	1,2

AIRCRAFT FLEET
(in commercial operation)
Flugzeugpark
(im kommerziellen Einsatz)

	31.12.86
DC-9-32/51/81	28
A310-221	5
	(33)
A310-322	4
DC-10	11
B747	4
	(19)
TOTAL FLEET	52

AVERAGE AGE OF FLEET
Durchschnittsalter der Flotte

YEARS Jahre

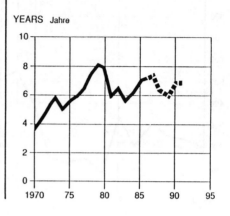

V. Zusammenfassung – Grenzen und Gefahren der Kennzahlenanwendung

Wie in den vorangehenden Kapiteln dieser Arbeit gezeigt wurde, stellen Kennzahlen und Kennzahlensysteme wirksame Instrumente der Unternehmungsführung dar. Eine zweckmässige und richtige Anwendung dieses Führungsinstrumentes ist jedoch nur möglich, wenn man sich seiner Grenzen bewusst ist. In diesem abschliessenden Kapitel sollen deshalb, an Stelle einer eigentlichen Zusammenfassung der bisher gewonnenen Erkenntnisse, die Grenzen der Kennzahlenanwendung für die Unternehmungsführung erläutert werden. In einem ersten Schritt werden die Mängel der Kennzahlen als Führungsinstrument und in einem zweiten die Problematik ihrer richtigen Anwendung und Interpretation behandelt.

1. Die Mängel der Kennzahlen als Führungsinstrument

1.1 Inadäquanz der Kennzahlen bei nicht-quantifizierbaren Informationen

Eine erste Grenze für die Kennzahlenanwendung besteht darin, dass mit Kennzahlen lediglich zahlenmässig erfassbare Daten abgebildet werden können, es in einer Unternehmung aber auch nicht-quantifizierbare Tatbestände und informale Aspekte gibt, die für die Unternehmungsführung von Bedeutung sind.
In manchen Bereichen der Unternehmung entfällt damit die Möglichkeit, mit Hilfe von Kennzahlen eine Kontrolle der Zielerreichung durchzuführen. [1]

1 Vgl. Meyer, C., a. a. O., S. 30

1.2 Kennzahlen als zeitpunktbezogene Grössen

Kennzahlen sind grösstenteils zeitpunktbezogene, statische Grössen, d. h. sie zeigen die Situation in einem ganz bestimmten Augenblick. Da zeitpunktbezogene Grössen über die Bewegungen und Veränderungen der einzelnen Daten nichts aussagen, ist mit ihrer Hilfe die Analyse der Ursachen, welche zu einer bestimmten Situation führten, unmöglich. Nur durch Zeitvergleiche, Ist-Ist- oder Soll-Ist-Vergleiche, kann die Aussagefähigkeit statischer Kennzahlen erhöht werden.

Beispiele für zeitraumbezogene, dynamische Kennzahlen:

- Verschuldungsfaktor

- Funds Position

1.3 Benutzung bereits überholter Kennzahlen

Die meisten Kennzahlen basieren auf Grössen der Bilanz und der Erfolgsrechnung. Werden nun Bilanz und Erfolgsrechnung erst einige Zeit nach dem Bilanzstichtag aufgestellt, so besteht die Gefahr, dass die darauf basierenden Kennzahlen bei ihrer Ermittlung bereits überholt sind und nur noch historischen Wert haben. Werden sie trotzdem unternehmerischen Entscheidungen zugrunde gelegt, so sind Fehlschlüsse möglich, da sich die Situation in der Zwischenzeit grundlegend verändert haben kann. [2] Daher sind die ermittelten Kennzahlen mit den bisherigen und den zukünftigen (Mehrjahresplanung) zu vergleichen.

2 Vgl. Wolf, J., a. a. O., S. 57 f.

2. Die Gefahr der falschen Anwendung von Kennzahlen im Führungsprozess

2.1 Das Problem der richtigen Auswahl

«In der Praxis besteht das Hauptproblem (...) nicht so sehr in einem Mangel an Informationen, sondern in der übergrossen Anzahl Nachrichten. Die ständig zunehmende Fülle an Informationen ist ein wesentlicher Grund für eine oft unzulängliche Informationsversorgung der Unternehmungsführung.» [3]

Da jedes Zuviel an Daten die Übersicht erschwert und jedes Zuwenig zu unvollkommenen oder Fehlentscheidungen führt, ist die Frage nach der richtigen Auswahl der Kennzahlen von grosser Bedeutung. Jede Unternehmung braucht in der Regel einen anderen Raster von Kennzahlen. Sie soll diesen soweit möglich selber entwickeln, da ein solcher die Besonderheiten des Betriebes am besten widerspiegeln kann. Die Kennzahlen sollten zudem nicht allzu oft geändert werden, damit Zeitvergleiche zumindest über eine gewisse Periode möglich bleiben.

2.2 Die Gefahr einer isolierten Anwendung

Eine isolierte Kennzahlenanwendung führt oft zu Fehlinformationen, Fehlinterpretationen und letztlich zu Fehlentscheidungen, da

- durch eine einzige Kennzahl nur ein Aspekt der unternehmerischen Realität erfasst wird (die Zusammenhänge werden dadurch nicht berücksichtigt)

- und, wegen fehlender Vergleichsmöglichkeit mit früheren oder ähnlichen Kennzahlen, einer allenfalls falschen Ermittlung einer Kennzahl nur schwerlich auf die Spur gekommen werden kann.

Dieser Gefahr der Fehlentscheidung kann durch einen ausgedehnten Kennzahlenvergleich und die Bildung von Kennzahlensystemen wirksam begegnet werden.

3 Sturm, R., a. a. O., S. 56

2.3 Die Gefahr einer blinden Zahlengläubigkeit

Es kommt nicht selten vor, dass die Bedeutung und die Anwendungsmöglichkeiten der Kennzahlen durch das Management überschätzt werden. Kennzahlen und Kennzahlensysteme finden nämlich ihre Grenzen unter anderem dort, wo eine blinde Zahlengläubigkeit die hinter den Zahlen stehenden betrieblichen Tatbestände übersieht. Im Rahmen seiner Führungstätigkeit sollte sich deshalb der Manager immer bewusst sein, dass Zahlen nicht alles ausdrücken können.

2.4 Die Notwendigkeit der Überprüfung der Ausgangsdaten und der Berechnung

Kennzahlen vermögen nichts über die Richtigkeit ihres Zustandekommens auszusagen. Oftmals ist das zugrundeliegende Material falsch oder für die Kennzahlenermittlung ungeeignet. Weitere Fehlerquellen ergeben sich bei der Konstruktion der Kennzahlen.
Bevor eine Kennzahl für Entscheidungen eingesetzt wird, muss sie deshalb kritisch überprüft werden. Dies setzt voraus, dass sich die einzelnen Entscheidungsträger mit den Kennzahlen vertraut gemacht haben.

2.5 Das Problem der richtigen Interpretation

Kennzahlen sind interpretationsbedürftig; ihre richtige Ermittlung allein genügt nicht!
Zahlen sind das eine, ihre Interpretation das andere. Jede Kennzahl, selbst im Zusammenhang, bedarf der Interpretation.
Konkrete Erfahrungen in der Praxis zeigen immer wieder, dass Führungskräfte in dieser Hinsicht Schwächen zeigen. «Es muss ein Lernprozess ausgelöst werden, damit die Wertigkeit der Kennzahlen als Abbild des Betriebsgeschehens richtig erkannt wird. Oftmals wird versucht, das vorgegebene Teilziel ohne Rücksicht auf die Auswirkungen auf andere Sektoren zu erreichen, wobei dann Entscheidungen getroffen werden, die für das Unternehmungsganze wirtschaftlich wenig sinnvoll erscheinen.» [4]

---

4 Unger, A., Die Bedeutung betriebswirtschaftlicher Kennzahlen für die Unternehmungsleitung, Diss., Ebingen 1972, S. 221

Voraussetzung für eine richtige Interpretation von Kennzahlen ist ein richtiges Erkennen und Beurteilen der Zusammenhänge, sowohl im Management ganz allgemein als auch in der spezifischen Unternehmung mit all ihren Besonderheiten.

Bei der Beurteilung der Grenzen und Gefahren der Kennzahlenanwendung muss man sich schliesslich auch immer bewusst sein, dass jede Datenerhebung und -aufbereitung Kosten verursacht. Auch bei der Ermittlung von Kennzahlen sind Wirtschaftlichkeitsüberlegungen unerlässlich!
«Die Tatsache, dass der Kennzahlenbildung vom Umfang her nahezu keine Grenzen gesetzt sind, führt oft zur Bildung von Kennzahlen, deren Informationswert im Verhältnis zum Aufwand, der mit ihrer Gewinnung verbunden ist, gering ist bzw. deren Aussagepotential bereits von anderen Kennzahlen abgedeckt wird.» [5]
Auch wenn der Wert von Informationen nur schwer zu ermitteln ist, sollte auf eine Abschätzung dieser Relation von Kosten und Nutzen nicht verzichtet werden.

3. Würdigung der Grenzen und Gefahren der Kennzahlenanwendung

Die vorerwähnten Grenzen und Gefahren der Kennzahlenanwendung könnten unter Umständen dazu Anlass geben, auf ihre Benützung überhaupt zu verzichten.
Besonders in Kapitel III haben wir jedoch die betriebswirtschaftliche Bedeutung von Kennzahlen hervorgehoben. Auf ihre Anwendung kann nicht verzichtet werden. Es kann also nur darum gehen, die Grenzen und Gefahren der Kennzahlenanwendung zu kennen und sie derart unter Kontrolle zu halten, dass die Aussagekraft der Kennzahlen nicht oder nur unwesentlich eingeschränkt wird.

Kennzahlen sind für die Unternehmungsführung unerlässlich.

5 Merkle, E., a. a.'O., S. 329

Literaturverzeichnis

Antoine, H., Kennzahlen, Richtzahlen, Planungszahlen, Wiesbaden 1958

Berg, C. C., Formeln und Kennzahlen der betrieblichen Beschaffung und Logistik, in: Wirtschaftswissenschaftliches Studium, H. 8, August 1982

Berthel, J., Zielorientierte Unternehmungssteuerung, Stuttgart 1973

Boemle, M., Unternehmungsfinanzierung, 6. Aufl., Zürich 1983

Botta, V., Kennzahlensysteme als Führungsinstrumente. Planung, Steuerung und Kontrolle der Rentabilität im Unternehmen, in: Schriftenreihe «Grundlagen der Betriebswirtschaft», Bd. 49, Göttingen 1983

Buchner, R., Grundzüge der Finanzanalyse, München 1981

Bürgi, A., Führen mit Kennzahlen: Ein Leitfaden für den Klein- und Mittelbetrieb, 4. erw. Aufl., Bern 1985

Bürkeler, A., Kennzahlensystem als Führungsinstrument, Dissertation, Zürich 1977

Eckardstein von, D., Kennzahlen im Personalbereich, in: Wirtschaftswissenschaftliches Studium, H. 9, September 1982

Grünefeld, H.-G., Personalkennzahlensystem. Planung, Kontrolle, Analyse von Personalaufwand und -daten, Wiesbaden 1981

Heinen, E., Das Zielsystem der Unternehmung, in: Die Betriebswirtschaft in Forschung und Praxis, Heinen, E. (Hrsg.), Wiesbaden 1966

Heinen, E., Betriebliche Kennzahlen. Eine organisationstheoretische und kybernetische Analyse, in: Heinen, E. (Hrsg.), Grundsatzfragen der entscheidungsorientierten Betriebswirtschaftslehre, München 1976

Helbling, C., Bilanz- und Erfolgsanalyse, 5. Aufl., Bern und Stuttgart 1986

Hunziker, A., Scheerer, F., Statistik – Instrument der Betriebsführung, 6. Aufl., Zürich 1984,

Keel, A., Beschreibende Statistik, 3. Aufl., St. Gallen 1984

Kern, W., Die Messung industrieller Fertigungskapazitäten und ihrer Ausnutzung. Grundlagen und Verfahren, Köln und Opladen 1962

Küting, K., Grundsatzfragen von Kennzahlen als Instrument der Unternehmungsführung, in: Wirtschaftswissenschaftliches Studium, H. 5, 1983

Küting, K., Kennzahlensysteme in der betrieblichen Praxis, in: Wirtschaftswissenschaftliches Studium, H. 6, Juni 1983

Lachnit, L., Systemorientierte Jahresabschlussanalyse. Weiterentwicklung der externen Jahresabschlussanalyse mit Kennzahlensystemen, EDV und mathematisch-statistischen Methoden, in: Neue Betriebswirtschaftliche Forschung, Band 13, Wiesbaden 1979

Liebig, V., Kennzahlenanalyse, Grundlagen und Möglichkeiten der praktischen Anwendung, zfbf-Kontaktstudium 29 (1977)

Mak, O., Kennzahlensysteme als Hilfsmittel zur Erfolgskontrolle, Forschungsbericht Nr. 183, Wien 1983

Mayntz, R., Soziologie der Organisation, Reinbek b. Hamburg 1963

Mellerowicz, K., Allgemeine Betriebswirtschaftslehre, Bd. 4, 13. Aufl., Berlin und New York 1971

Merkle, E., Betriebswirtschaftliche Formeln und Kennzahlen und deren betriebswirtschaftliche Relevanz, in: Wirtschaftswissenschaftliches Studium, H. 7, 1982

Meyer, C., Betriebswirtschaftliche Kennzahlen und Kennzahlensysteme, Stuttgart 1976

Nowak, P., Betriebswirtschaftliche Kennzahlen, in: Handwörterbuch der Wirtschaftswissenschaften, 2. Aufl., Köln und Opladen 1966

Oehler, O., Checklist Frühwarnsystem mit Alarmkennziffern, München 1980

Perridon, L., Steiner, M., Finanzwirtschaft der Unternehmung, 7. Aufl., München 1984

Radke, M., Kennzahlen-Systematik und Kennzahlen-Handhabung, in: Handbuch Finanz- und Rechnungswesen, 3. Aufl., Landsberg a. d. Lech 1982

Reichmann, Th., Lachnit, L., Planung, Steuerung und Kontrolle mit Hilfe von Kennzahlen, in: ZfbF 1976

Reichwald, R., Mrosek, D., Produktionswirtschaft, in: Industriebetriebslehre, Entscheidungen im Industriebetrieb, Heinen, E. (Hrsg.), 7. Aufl., Wiesbaden 1983

Riedel, G., Betriebsstatistik, Stuttgart 1980

Scharnbacher, K., Statistik im Betrieb, 5. überarb. Aufl., Wiesbaden 1986

Scheuing, E. E., Unternehmungsführung und Kennzahlen, Baden-Baden 1967

Schott, G., Kennzahlen – Kompass des Unternehmens, Stuttgart 1965

Schott, G., Kennzahlen, Instrument der Unternehmungsführung, 4. Aufl., Stuttgart/ Wiesbaden 1981

Siegwart, H., Das Rechnungswesen als Instrument der Unternehmungsführung, in: Führungsprobleme industrieller Unternehmungen, Hahn, D. (Hrsg.), Festschrift für F. Thomée zum 60. Geburtstag, Berlin und New York 1980

Siegwart, H., Betriebliches Rechnungswesen, in: Brauchlin, E. (Hrsg.), Konzepte und Methoden der Unternehmungsführung, Bern und Stuttgart 1981

Siegwart, H., Unternehmensführung – Unternehmensberatung, in: zfo, 53. Jg., Heft Nr. 81, 1984

Siegwart, H. und Kloss, U., Erfassung und Verrechnung von Forschungs- und Entwicklungskosten, Bern 1984

Siegwart, H., Menzl, I., Kontrolle als Führungsaufgabe, Bern und Stuttgart 1978

Siegwart, H., Seghezzi, H. D., Management und Qualitätssicherung, in: Qualitätsmanagement – ein Erfolgspotential, Probst, G. J. B. (Hrsg.), Bern 1983

Staehle, W., Kennzahlensysteme als Instrumente der Unternehmungsführung, in: Wirtschaftswissenschaftliches Studium, H. 5, Mai 1973

Steiner, M., Formeln und Kennzahlen der betrieblichen Finanzwirtschaft, in: Wirtschaftswissenschaftliches Studium, H. 10, Oktober 1982

Sturm, R., Finanzwirtschaftliche Kennzahlen als Führungsmittel, Dissertation, Berlin 1979

Twerenbold, M. W., Kennzahlen für die Praxis – ein Vorschlag, in: Betriebswirtschaftliche Praxis in Klein- und Mittelbetrieben, OBTG Festschrift Hans Albrecht, Bern und Stuttgart 1979

Ulrich, H., Unternehmungspolitik, Bern und Stuttgart 1978

Unger, A., Die Bedeutung betriebswirtschaftlicher Kennzahlen für die Unternehmungsleitung, Diss., Ebingen 1972

Van Horne, J., Financial Management and Policy, 5. Aufl., Englewood Cliffs 1980

Weber, H. K., Rentabilität, Produktivität, Liquidität der Unternehmung, Stuttgart 1983

Wissenbach, H., Betriebliche Kennzahlen und ihre Bedeutung im Rahmen der Unternehmungsentscheidung – Bildung, Auswertung und Verwendungsmöglichkeiten von Betriebskennzahlen in der unternehmerischen Praxis, in: Grundlagen und Praxis der Betriebswirtschaft, Band 8, Berlin 1967

Wolf, J., Kennzahlensysteme als betriebliche Führungsinstrumente, München 1977

Wurr, P., Management-Grafik von A bis Z, VBO-Verlag, Baden-Baden 1984

ZVEI, Kennzahlensystem, 3. Aufl., Frankfurt 1976